未知を拓く
Cultivating The Unknown

いのち蘇る地域・地球社会の共創の加速化のために

神宮 眞由美
MAYUMI JINGUH

目　次

第一部

いのちを支え合い
自然の仕組みに謙虚に生きる方々へ
考え方、生き方、共創のしかたの
「刷新」の実例として
敬意をこめて、本書をお贈りします

扉の言葉

この本を手にした方の中には、読み始めたら
自分の生活の今とは遠くのことのようだなあと
感じる人もいるかもしれません
ひと言、伝えさせてもらえたら
この本には、あなたの関わり方次第で
風化しない資源が眠っているということです
生活の一隅に、あるいは、真ん中に
存在してゆけたら、本としても幸せと思います

UA NOA!

前書き（「わかりずらかったら、申しわけありません」）

　少しマニアックに聞こえるかもしれませんが、本書では、制度化・慣習化されているいくつかの表現をしていないことをご了承ください。経緯については、本書で触れていくかと思います。

　例えば、現代社会のイノベーションの根幹の一つは、「時間認識」にあることを学習していますので、日常的にシステム化したコオペレーションをしています。わたしは、もちろんのこと、コクリエーターの方たちも適用しているため、本書では、年月日の表記を基本的にはせず、通常それらが使用されるところには、数字のみか○でほとんど記載させていただいています。現在のサイクルを表すなら、2021○のように表しています。

　これは、西洋文明に大きく影響されてきたわたしたちの社会が使用しているグレゴリオ暦の表示とも一致しますが、その枠内におさまるものではありません。学校生活や会社勤め、アポイントの確認などには支障のないための工夫です。いわゆる過去・現在・未来のリニアな思考経路に限定化され、人間というわたしたちの存在性の可能性を狭小化しないための、いわば必然的な方策です。

　また、場所についても、例えば、一部を除き、基本的には国名を入れず、現在使用されている都市名などをそのまま、記載しています。その地名ですらも、本来、少なくともその土地の先住民の方たちが使用していた名称を使わせていただくのが筋と思いますが、わたしの知識不足でそれができないことを申し訳なく思います。ただ、名前が分からなかったとしても、わたしたちは、地球というかけがえのない惑星に、多様な生物を含む他のあらゆる存在性とともに生活をさせていただいていると

思っていますので、例えば、山であれば、アコンカグアやエルブルスのようにその名前を認識していなかったとしても、生命の先輩として、励まされながら生きていることをまず、記しておきたいと思います。ですから、国名と一致する言葉が出てきたとしても、それは、必要のある場合を除き、国家を意味しているものではありません。それ以外に使用できる伝え方が文字や言語を通じてはないからです。

　地球自体が文字どおり、わたしたちのいのちの母であることは、いうまでもありません。そして遍<ruby>遍<rt>あまね</rt></ruby>き空間にも、わたしたちの生命の父とも母ともいえる存在性が働いていることを認識しています。少し、飛躍した言い方に聞こえるかもしれませんが、それらは、周波数のコオペレーションとしても認識することができ、その表し方には、人間の解釈や観念の入る余地のない数字などを使用するしかないようにも思います（といっても、ここでいう数字は、計測値や計算値を示すものではありません）。アルファベットですら、人間の恣意性や、様々な文明の形成に影響した「働き方」の偏向性を色濃く反映するようになっています。まして、この文それ自体を含む漢字仮名交じり文で、わたしが認識するサイエンスそのものを表現するのは、ほぼ、不可能であると思われます。

　また、人や出来事についても、本書の趣旨が個や単発的な出来事への着眼から、それを顕在化している様々な働きの「フィールドシップ」の視点を伝えることでもあるため、故人を除き、個人名はなるべく使用せず、地名などの固有名詞は、人間文化の中で認識されている範囲を含みながらも、それを超えた資源性を認識して使用しています。

　以上に通ずることは、本文中でも少し、触れていきますが、フューチャリストつまり未来学者の一部や地球文明の肝煎りのイノベーターたちの

間では、認識されるどころか、そのように「生きられている」ところです。

　もっとも、真のエキスパートといえるのは、まだごく僅かですが、そのようなオペレーションにアライメントして展開している方々は、既に、少なくとも何百万人かは地球上に存在するといえます。それどころか、様々な文明の正統な伝統を受け継ぐ長老たちやアライメントした実践者たち、イノベーターたちは、わたしがかなり工夫してお伝えしていることをご理解くださることと信頼しています。何よりわたしたち人間を育み続けてくれている自然の営みや、生命の働き、そして「存在することの本質」の終わりのない「息」に感謝します。

　え？　エビデンスとデータですか？　それが必要であれば、申し訳ありませんが、ご自身で調査を試みていただけますか？　何百万人というのは、かなり控え目な数だと思っているのですが。

2021○3○30○

著者

はじめに

　あれからもう、25○、あるいは35○、地球の今を生きているのですね。初めて紙上でお会いする方、その頃まだ、生まれていなかったり、幼少であったりした方たちもいらっしゃいますね。この千年紀が始まる前後、地球の人間史の転換の機会となるよう、東奔西走し、北斗七星のはるか先を仰ぎ、南十字星に慈しみをもらっていたあの頃、2000○までのカウントダウンの時期、多くの本や訳書を世に出させていただく流れをいただいていました。

　人間として生を受け、限られた文化環境で懸命に生きていた中で、突然大きな変化の渦中におかれ、物理的に不可能としか思えない様々な突貫工事に、ありとあらゆる方法で多元・多分野・多文化・多層・多地域の多表現のコアの修復や、働きのアップデートのポイント作業に同時に関わらせていただいていました。

　必然的に、それぞれに適用可能なエネルギーインフォメーション（EI）の性質や質量は異なります。一人の人間という存在性を使って、その人が担っていると多くの方たちが想定している役どころを遥かに超えて、その反対の方向のことをしていると判断されることも含めて、対応することも多くあったといえます。

　説明も不可能な状況が続きました。例えば、身近なところでは、次のような文章を読んだ場合でも、読み手に何らかのチャージ、つまり、エネルギーの停滞や溜め込みがあった場合には、それに応じたご自身の中の感情がわいたり、反応したり、マインドでの解釈が発生することがあります。

　「愛」や「決心」や「信頼」の意味合いや捉え方がどれほど異なるものかには、真底、驚きました。愛という名のもとに、人間は、どれほど残酷な経験を他者にもたらしうるかも体験しました。相手によかれと嘘をつくことも工夫や正統であるとすらするようでした。

　読み返してみると、これは、正にこれまで地球社会で起き続けてきた悲惨な状況の原因に通底していることがはっきりとわかります。
　でも、明瞭なのは、そのような「存在することのゼロポイントに戻らざるを得ないような経験」を重ねてこられたから、正にそのおかげで、クリアーにプラネタリィなライフワークを日々、刷新し続けることができるようになったということです。
　生死を超えて、生命として一つのフィールドであるわたしたちであり、「わたし」でもある存在性の妙を駆使して、「未知を拓く」作業をゲンバで、地域と地球の一員として続けていきたいと思います。
　尚、本文中、敬称が略されていたり、ファーストネームで記載させていただいたりしている箇所は、日本的な形式が不自然と思われ、英語の生の実際のとおりであり、呼称が様々になっていることをご容赦いただければありがたいです。

2021○4○6○
すべてに通ずる、今、ここにて
神宮 眞由美

第 一 部

第一章　加速の「JO-HA-Q」

1．加速のJO — アライメントと直観を基本とした
下準備と探究の実行

　2021○の現在、地球社会では、持続不能に限りなく近い様々なことが噴出しています。気候変動は、もちろんのこと、日本の場合は、殊に地震・津波・洪水・集中豪雨・土石流による被災が後を断ちませんし、噴火も目の前にあります。何よりそれらの天災以上に、長期的で考えの及ぶ範囲を遥かに越えた甚大なダメージを引き起こしたのは、紛れもなく人災である原子力発電所の事故です。悲惨極まりない無残なあの事故から丸10年前後に、立て続けに起きた最近の地震時の対応確認の後手具合は、2011○の教訓がまるで生かされていないかのような信じがたい実態であったことを、『こどけん通信』で読んでいます。福島のお母さんたちが移住先でも「こどもたちの健康と未来をまもる」ための情報マガジンとして季刊で発行し続けている通信です。

　ここで、話題を変えるようですが、サブタイトルの「いのち蘇る地域・地球社会の共創の加速化のために」の主旨のため、本書でわたしが「加速化」という表現で意味するところを先ず、お伝えしておく必要があります。なぜなら、この数年、「加速」という語が西洋発のイノベーション、殊に、たとえ社会課題解決のためであったとしてもがむしゃらに経済活性化をしようとする文脈で多用されているからです。その意味合いとは、まったく異なることを明記しておきます。「加速を起こす」という意味合いはありません。AI（人工知能）やIoT（Internet of Things、身

15

の回りのあらゆるもののインターネット接続化）、DX（デジタルトランスフォーメーション）などとも関係はありません。

　わたしは、第二外国語の教授法を探究する中で、ブルガリアで生まれたサジェストペディア（後に、ディサジェストペディア）に出合いました。一人一人の学習者の可能性が安心して引き出されるように、心理面に大変留意する非常に画期的な研究を基礎とした、その応用としての教授法です。ユネスコでは、1980○に、検証チームによる最終報告で世界に向けての提言もされています。

　さあ、これから世界で展開しようという準備ができた矢先、現在とは違い、その当時は、まだ、「東西の壁」は、存在しており、その理論開発者であるブルガリア国立ソフィア大学教授ゲオルギ・ロザノフ博士と教授法開発者のエヴェリナ・ガテバ博士は、自国に軟禁状態となりました。情報は、全く遮断となったことから、米国で派生的な発達をした学習法が「加速学習法」と名付けられました。サジェッションは、暗示を意味することから、他者をコントロールする意味合いであるような誤解を回避するための名称変更でした。

　わたしが共振したのは、本家本元のサジェストペディアでしたが、1986○当時は、他にルートもなかったため、米国の加速学習法の様々なバージョンを現地で学びました。アメリカ版ならではの、ノウハウ化や、サジェストペディアでは行わないビジュアライゼーションなどの導入やマインドマップ、フォトリーディング、NLPなど他の様々な方法も国際大会などで紹介され、活発にセッションが行われていました。教室内に留まらず、日常生活への応用も可能で、「Learning Organization」（学習する組織）だけが生き残るという認識から、大企業の社員研修などでも導入されていました。

　日本では、英語教授法の主だったワークショップや研究会、学会など
に参加する中で、出席者の一人から、日本に加速学習法の研究会がある
ことを知り、早速、その研究会に参加するようになりました。米国大使
館勤務の通訳の方や東海大学の教授などが参加していましたが、後に『波
動の法則』（当時PHP研究所、現在ナチュラルスピリット刊）で知られ
るようになった足立育朗さんともこの会、加速教育研究会（ATERG）
で知り合いました。

　当時関わりのあった加速学習法の英国バージョンの翻訳書を、PHP研
究所さんより発刊することが決定した際、足立育朗さんの講演テープを
文字起こしさせていただいた『波動の法則』が、ほぼ同時に出版される
運びとなりました。「どちらを先に出版することにしますか」と編集者に
問われた際、これまでにない内容と意識変換の早急な必要性を伝えるも
のであったため、「こちらです」とわたしの訳書ではない方の『波動の法
則』を推薦させていただき、そちらが先に出版となりました。本のタイ
トルは、編集者が提案したものであり、原題ではなかったとのことです。

　ATERGを主宰されていたのは、ハワイ大学でも教鞭をとられたこと
のある電波工学の世界的権威とされていた、故・関英男博士です。

　この「先生」が、日本サイ科学会の会長もされていたことから、個人
としての関心はまったくありませんでしたが、様々なことを知ることに
もなりました。ただ、何かにのめり込むということはなく、あくまでも
学習法の探究が当時のわたしのメインテーマでした。

　未来を今とする基礎的な準備や調整に徹するようになった2000○以降
は、足立育朗さんとの接点はまったく無くなりました。そのままの事実
であり、すばらしい確認であるのかもしれません。

　現在、わたしは、ゲンバ作業に徹することを基本として、一つの場で、

働き、学び、味わい、暮らし、生命の多様な存在性の発露のかけがえの
なさに触れながら生活しています。

「いのち蘇る地域・プラネタリィな地球社会の共創の加速化」がわたし
のライフワークとして鮮明になっています。アライメントと直観を基本
とし、下準備と常なる探究とを基礎として、コクリエーションを深め続
けたいと思っています。

　ロザノフ博士は、既に他界されていますが、米国ワシントン州アナコ
ルテスで再会し、直接、わたしに語ってくださった内容は、わたしにとっ
てライフワークの礎石の一つになっています。

2．加速のHA ― 随時更新の連続・軽やかな集中と
　　超合的な実作業の修練

　1996○から2002○くらいまでの間に経験した非常に加速的な展開は、言
語に絶するものがあります。同時に、ずっしりしたシビアさの極致のよ
うな体験も並行して重なっていました。

　計画・予算・人的資源・現況とは、ほとんど関係なく、まるで時空に
命があるかのように、確かな決心のあるところに、現れるべきものが現
実化し、それまでとはまったく違う働き方が可能になっているのでした。

　例えば、加速学習法については、日本での実践的な加速学習センター
を開所し、『JAPAN TIMES』紙にも取り上げられたことから、在日ネ
イティブ英語教師たちと共にオリジナル集中コースの開講などにも取り
組みました。「Society for Accelerative and Integrative Learning」（統
合加速学習研究会、SAIL）を立ち上げ、毎月土曜日に、子育て中のお母
さんやネイティブの大学英語講師たちとコンサートリーディングという
手法などを実習し、研鑽していたのは、貴重な足跡です。

　また、耐震性の課題がきっかけとなり、閉鎖に至りましたが、日本の英語教育史で忘れてならない小田原にあった一般財団法人MRAハウスの公益事業の一部門として設立された「Language Institute of Japan」（日本外語教育研究所、LIOJ）の英語教師を対象とした夏季研修会でのワークショップ講師もさせていただきました。MRAは、道徳を身につけ、世界の平和と人類の融合を目指す世界的な運動です。LIOJで、日本で初めて外国語としての英語教育の学会、TEFL学会が開催され、これを契機として、全国語学教育学会（JALT）の設立に至ったとのことです。わたしも当時は、JALTの全国各地での大会に参加し、ブース展示などもしていました。

　LIOJは、国際交流の人材育成の日本の草分けでもあり、外国語教育のネイティブのエキスパートたちと英語で語り合い、夜の交流時には、その設立者の一人である渋沢雅英氏（渋沢栄一氏の曾孫）と語る機会に恵まれていたことも珠玉の一コマです。人を育てるという息の長い事業を長年、継続されている皆様に敬意を表します。

　加速学習は、大変なポテンシャルに満ちていました。「International Alliance for Learning」（国際学習連盟、IAL）の年次大会では、毎年セッションで発表していましたが、日本での著書の英訳書が世界で人づてに伝わり始めていたことから、学会事務局に推薦や要望が入り、米国カリフォルニア州アーバインで開催された「脳の働きの活性化」をテーマとした大会では、基調講演者の一人として臨むことになりました。

　現在のようには、まだ脳科学の研究がそれほど進んでいなかった時期ではありましたが、加速学習法に基づいた構成と手法で、'When More of the Brain is Activated: Being, Doing, Actualizing（脳がより活性化する時：在り、行い、実現する）'と題して発表させていただきました。その分野に近い著名な作曲家に声をかけ、発表中のライブピアノ演奏も入

れての構成でした。

　反響は、大変大きく、もう一組の基調講演者である、脳科学を応用しての学習法の専門家夫妻は、発表後、壇上にかけつけてくれ、「本当に素晴らしい『そのもの』の発表だったわ。見事な落とし込みよね。」と喜色満面で抱きしめんばかりでした。

　また、その連盟の重鎮ともいえる加速学習を専門とする大学教授は、「彼女は、私たちのほとんどの先を行っているよ。」と皆に語りかけていました。

　次の年の大会に、日本から出席した人は、「今年になっても語り草になっているなんて、心に残るものは、こんなに残ってゆくのだなと思いました。」とひと言、報告してくれました。

　国際学習連盟のその時の会長は、幼稚園の園長先生の男性でした。ホテルのペントハウスで行われた内々のレセプションのホスト役でしたが、周囲の人が、「彼は、この大会の準備のために４００時間以上自分の時間を捧げたんだ」と伝えてくれました。通常の勤務も大変忙しいでしょうのに、「子どもたちへの思い」で子どもたちの未来のために、大会を運営してくれたのでした。わたしには、その気持ちが深く沁み入ってきました。

　そのレセプションには、未来を伝えると言えるような、知り合いの日本の若き踊り手が、鈴を転がすような音色の声の歌い手の友人と共時的に参加してくれていました。二人のライブアートに触れた心優しき会長は、無言でホロリと涙を流されていました。その場には、さらにわたしを推薦してくれたコロラド州の現地の美しい友人たちが証人役かのように微笑みながら見守ってくれているのでした。

　それは、奇跡にも近い質の現場の光景であり、永遠の今ともいえます。

　さらに、この大会の合間を縫って、ホテルのロビーで初めてお会いし

たのが、J.J.ハータック博士ご夫妻でした。書籍『エノクの鍵』イントロ
ダクションの日本語訳をお引き受けする方向での面会でした。

「長年、訳者を探してきたのだが、これは、科学的な思考のみならず、
教育や芸術にも通じていないと訳せない」とのことでした。この学習連
盟自体がそれら全てを含むものであり、その大会の基調講演者であった
ことから、了解していただけたようです。

　入門書の初版の表紙や挿絵について、わたしの方で新たに起こしたも
のが使用されていますが、これは、文化により、アート表現は、まった
く異なるというご夫妻の識見により実現したものです。オリジナル版の
表紙を尊重されている方々にとっては、違和感があったかも知れません
が、生まれるべくして生まれた表現といえるように思います。

　コトの加速を実際、経験すると、新たな要素が次々と現れ、今日行っ
ているミーティングや着手しているプロジェクトなどのポテンシャルの
自覚範囲や領域を随時更新することの連続ともなってゆきます。つまり、
起きていることの先のポテンシャルに気づき、ついてゆけなければ、加
速とともに仕事の質をバージョンアップしてゆくことはできないといえ
ます。

　必要なのは、軽やかな集中と超合的な（Over-Unifying：インプットを
超えるアウトプット）実作業を、本質を外さずに落とし込んでゆく修練
ともいえます。

3．加速のQ — スロープロセスが極まる「粋」で起きる
　　加速へのコオペレーション

　JO-HA-QのQは、加速自体がその特質ともいえますので、「加速の加
速」ということになります。しかし、ここで意味することは単なるテク

ニックや技術革新で成立することではありません。また、加速自体は目的でもありません。本来可能な展開が滞っている状態の整備に丁寧に対処することが基礎的に必須となります。阻害要因が解消し、抵抗という現象が起きていた「波」がなくなれば、もっとも自然なプロセスの自己回復力が働き、起きる現象が、加速の加速状態になるというだけです。人為以上に、時空間や場の資源性を認識し、その兆しを活かしてゆくことが含まれますので、この「加速の加速」は、AI（人工知能）が及ぶ範囲とはいえません。なぜなら、これは、時空間の総合的な働きやフィールドのポテンシャルとコオペレーションする人間自体の精緻な技量が不可欠であり、そのスキルをどの場面でも応用することにより現出する領域の現象の確認であるからです。

　マレーシアの経営者向けの雑誌の表紙で扱われたり、秋田県に当時開設されていた米国大学日本校の英会話クラスの授業に自社発行した英会話テキストが採用されたりと、わたしは、手応えのある「加速」を経験していました。もちろん、現実的な学びもたくさんありました。　しかし、2000○を前に、この加速学習法のそれまでの活動を手放す決断をしました。それは、世の中に、あまりに多くの課題が山積しており、わたしが関わる人々がその主体的な学びを身につけ、たとえどのように成功し、人生をシフトし、輝かせていったとしても、個人対応できる範囲には限りがあるからです。大多数の人たちが、「限界ボックス」から抜け出る機会がなく、辛さに溢れる日常に陽が差し込む経験を持てないのであれば、それこそ「限界がある」と思ったからです。

「どのようにすれば、やがてはだれにも届くようになるのか。家庭環境は加速環境の真逆の場合も多く、それを越えうるところまでフィールド自体に本来のインフォメーションが通うようになる必要がある。限定や

固定を強化するような社会の仕組みや社会的信念体系のもたらす影響の大きさを認識する機会もほとんどないようであれば、社会というフィールド自体が変化してゆくように取り組み続けるしかない。それは、膨大な作業を伴うことになるが、自分の人生を育てる意志のある人は、手を伸ばせば、次のステップの一つに届くことができるようになる」

　加速学習法自体が、「不可能」という発想に無縁であるため、一歩引けば、無謀としか言いようのない範囲のことに取り組むことにしました。MALCという事業名で加速学習法を基調にしてきましたが、ここから先のアプローチは、教室や特定の場での実施による個人の可能性の現実化というよりは、互いが存在することにより可能になる人生の可能性の現実化、いのちの可能性が育つ地球社会の現実化を目指すようになりました。

　とった方法もMALCのオリジナルの方法から始まっています。それは、変化がわかりやすく目に見えることを優先せず、フィールド環境の歪みや回路の混線や断ち切れなどのあらゆる不具合を地道に不可視の領域から新設・更新・修復・復帰する作業を続けていくことを意味しています。

　この作業自体には、適性と本人の自発的な研鑽の持続を要します。裏方の作業といえますので、個人としての成果を求める場合は、不向きです。ただし、このスロープロセスが極まりその「粋」に至った時、変化の加速化が現れ始めます。そこを見極めてのコオペレーションにより、「加速の加速」の体験が可能となるといえます。

　この取り組みの現場として、1996○に発起させていただいたのが、地球大学、現在のNPO 000 PAF GLOBAL UNIVER-CITY（GU）です。より詳しくは、後述します。

　MALCとしては、2020○から再活性化し、MALCインフォメーション

カードという手づくりのシンプルな媒体を使用してのオンラインでの「LIVE MALC」というセッションなどによる、コオペレーションが生まれています。（参照：https://000planet.com）

第二章　古くて新しいパラダイム

1．ソリューションのパラダイムシフト

　イノベーションとは何かを掘り下げた時、現在、熾烈なまでの追及の渦中にあり、「秒進分歩」あるいは、ナノセカンド以下のレベルでどのようにデジタル技術や人工知能としてのAIが進化していったとしてもその周辺で姿を見せることがイノベーションであるとは、わたしには思えていません。

　そこで可能になることは、人間の創造性のみならず、この地球にあらゆる自然界の働きと共に存在することを「充ち足りたもの」としてゆくための補助になる限りは、役立っていくかと思います。しかしながら、人間をデジタル環境に埋没させ、人間の能力を退化させてゆくような、あり方や、開発、商業化を、イノベーションであるとするのは、無理があると思います。

「イノベーション」という学問の専門家筋の認識と異なるのは、承知の上ですが、キーワードをどのように認識し、意識的に使用していくかには、イノベーションへの取り組み自体の第一歩が潜んでいると、わたしは認識しています。

　今は、オンラインでの社会的な勉強会や交流会が様々に取り組まれています。ある時、幼児教育者が語ったその方の衝撃体験は、その後もずっとわたしの中にその余韻を残しています。

　どういうことかというと、日常の一コマのシーンです。「さあ、みんな手を洗いましょう。」と言って、幼稚園で園児に手洗いを促したところ、

中には、蛇口の下にただ手を差し出したまま、何もしないでいる子たちがいるというのです。そうです。その子たちのご家庭では、オール電化に近く、手を出しさえすれば、蛇口からも水がすぐに出てくるため、水は、そうすれば、すぐに出てくるものと学習しているわけです。

　もちろん、コロナ下では、手を触れずに、事が足りる機器の活躍どころもありますので、一概によし悪しで括るのは不向きです。ただ、災害時や一歩外に出て、様々な状況になった際に、水を確保するすべが乏しければ、実質的なリスクは高いということになります。

　この他にも、裸足で走り回る機会が少ないことも手伝ってか、土踏まずがなく、「足力」が育っていなかったり、ボトルのキャップの開け閉めができない「握力」の弱かったりする子たちが増えていることも、アート教室の先生などを深刻に懸念させてもいます。

　一方では、腕時計型の健康管理デバイスを四六時中身につけて、健康管理をする方向への勧誘もあります。測定値を日常的に意識し、そこから導かれる改善プランなどを採り入れる方向性が有効である側面もあることでしょう。

　ただ、わたし自身は、機器に管理されるようなライフスタイルを選択することは、現在のところ、まったくありません。

　それでは、ソリューションのパラダイムシフトをわたしは、どのように認識し、準備し、実践してきたのでしょうか。それは、これ以上の既存の意味での最先端機器やデータの人為的な集積を必要とするものではありません。現在の技術潮流の延長線上にはないアプローチをともなうため、本著で触れる内容について、一笑に付される場合が多くあったとしても不思議ではない見方、生き方、仕事の仕方、運営の仕方です。

　パラダイムシフト自体が、既存の思考の枠組みの延長線上にはないことを意味しますので、多くの方にとって、まったく見たことも聞いたこ

とも経験したことも想定したこともない在り方、働き方、捉え方であることは当然といえます。

　ただ、中には、わたしがこれから伝えることを至極当然と捉える方も、もう自分も自分としてその方向のことを意識的に実践し、生きてきたという方もおられることでしょう。また、本著で伝えつつある内容の実効性の意味するところを深く察知し、新たなパラダイムでのご自身のライフワークや事業活動をどのように着地させてゆくかについて、さらに明確になる方もいらっしゃるかもしれません。また、ご自身の中で発動していた天然のライフプログラムのバージョンアップや拡張を本著をきっかけとして経験されることもあるかもしれません。

２．世界未来学会での発表

　WFS（WORLD FUTURE SOCIETY®、世界未来学会　www.worldfuture.org）という米国ベースの学会があります。この学会をはじめ、世界の様々な先見的な学術ネットワークや、地球への感謝を忘れないプラネタリィなネットワークのネットワークでは、既に実現できるところから始まっている現実的なシステムの移行の事例が認識されています。

　例えば、ケイト・ラワース博士が提唱する新たな経済学のモデル（『ドーナツ経済学が世界を救う　人類と地球のためのパラダイムシフト』河出書房新社刊）は、既にオランダのアムステルダム市では都市政策に適用され、ベルギーのブリュッセル、デンマークのコペンハーゲン、英国のロンドン、マレーシアのクアラルンプールでも行政レベルでその動きが始まっています。東京では、民間レベルでの勉強会が行われる段階であるようです。

　実は、わたしは、2001○のミネアポリスでは共同で、2002○のフィラデ

ルフィアでは、単独で、この世界未来学会で、発表する機会に恵まれました。国連特別顧問であった故ラシミ・マヨール博士の強い推薦によるものでした。その時、博士に言われたのは、「この学会は、誰でも発表できるようなところではない。世界でも最も権威のあるハイランクの学会だ」ということでした。それもそのはず、現時点で初めて認識しましたが、歴史的な会員や、貢献者には、あのバックミンスター・フラーや、世界中の「新しい世界」の開拓者たちを勇気づけ続けている文化人類学者のマーガレット・ミードも含まれます。

　国際学習連盟（IAL）の大会同様、全発表は、その場で録音され、参加者がどれでも購入し、持ち帰ることができるようになっています。国連の当時のミレニアムプロジェクトの会合にも出席し、知己を得ることもできました。

　世界未来学会での縁から、日本未来学会の方にお声がけいただき、2001○東京の国連平和大学を会場として開催された「科学技術の未来と倫理」をテーマとした日本未来学会の大会にも出席させていただきました。また、2018○には学会設立50周年記念大会にも出席しました。そこで認識せざるをえなかったのは、わたしが世界で経験してきた未来の認識と具体的な対応とは、まったく質も先見性も異なり、既存のパラダイムの中での活動であるということでした。他の法人活動や研究会活動などで接点のある方がいらしたのは、幸いでした。

　誠に申し訳ありませんが、正直申し上げて、先駆的で権威があるとされている国内外のコンファランスに出席して、衝撃的なまでに愕然とした経験もあります。このような捉え方をわたしの驕りや勘違いや極度の未熟と評されることもありえます。それでも、足元からわたし（たち）が既に知っている未来を現実に表現することを続けることにしました。

それは、本来可能な未来の受け皿となりえる「未知を拓く」作業に徹することでもあり、不可視の領域での作業が要となる方法でもあります。

　古いパラダイムで積み上げられた制度は大変疲労しており、立場や責務と真逆の行為をする公人がこれほど続出する社会の有り様は、現在の仕組みの質のままでは存続不能であることを明示しているとしかいいようがありません。いったい、わたしたちは、子どもたちにどう顔向けできるのでしょうか。

　気候変動により降雨が激甚化し、洪水や土石流災害が頻発する現況は、わたしたちに現状をどう認識し、どのように生き、生活していくことが急務であるかを強く示唆しています。実質的には縮小し、膨らむ借金を先延ばしにして成り立たせている既存の財源や経済活動の錯覚の延長線上には暮らしの明日はないことは、金融・貨幣経済テクニック最優先、自国の今日明日だけ最優先の考え方ではない識者や一般人には、自明といえるかと思います。

　カジノの併設を国が推進する時代になろうとは、水道事業の民営化の危うさを認識しない自治体、環境政策として、様々な理由づけがあるにしても、今だに原子力発電を当面推進しようとする思考とともに、世の末を、人間自身が引き起こしている様を目の当たりにしているのがわたしたちであるように思えてなりません。

　意識改革の掛け声は、国単位の政治の世界でもここしばらくはありました。しかし、実態がまったく伴っていないことは、数々の不祥事・逮捕・辞任・隠し立てが明白に示しています。法制度の頂点におり、法制度の護り手である立場の人間が、自身を例外化し、法を犯すことは、マインドセットの破綻や稚拙さの典型ともいえ、それは、知性が高いとされている現在の社会的なポジションは、必ずしも人間性の確かさを担保

してもいず、これまでの国家試験制度の延長線のエリート層には、その脆弱性が存在していることを露呈しています。まして、正直かつ公人としての資質を兼ね備えた人に上司の押し付けで改竄を強いることがどれほどの苦しみに陥れ、死までも招くものであるかを測り知ることもできないほど人間性が崩れているとしたら、それは、欺瞞社会の根城にしかなっていないといっても過言ではありません。ほんのひと握りの忖度者に、心ある大多数の公務員の方々がやるせない思いをされているとしたら、国を蔑ろにしているのは、誰なのでしょうか。

　大多数の人たちは、何とか工夫をして生計を立てています。実質も実労も伴わないペーパーワークや電子取引、特定の立場にいるだけで、高収入が保証されるような仕組みは、健全と言えるはずはありません。

　どうにも理不尽なのは、福島原発事故で、何世代にもわたる自然豊かな土地での生活を突然失い、筆舌を絶する辛酸を嘗めている多くの方々が置き去りにされようとしていることです。例え、一人億単位の賠償があったとしてもとても償えることではないと思います。できる限りのことをしてきたし、科学的には……という論理がありますが、今も続く悲惨な事態が風化するのを待っているかのように、それを引き起こした事業体として、正面から引責をしない事が罷り通っているのであれば、それは、わたしたちの社会に本来の筋が通っていないということだと思われます。新パラダイムでは、本筋が通ることが基礎になってゆきます。

　事態は、わたしたち一般人それぞれの、これまでにないレベルと方法での補完、補正の連携を要しています。素顔と素手で働く人たちが、新パラダイムに最も近いといえそうだからです。

　旧いパラダイム下の動向は、経済的・軍事的危機感の元に、足元の命綱を切り捨て、莫大なお金と人的資源を使いながら、先端技術といわれるものの覇者になることやデータ戦に鎬を削ることに、ここしばらくは

懸けてゆこうとしています。

　世界未来学会での発表には、技術進化についての多様な側面を扱う発表などもあると思いますし、日本からの参加者は、そのような未来像に向かっての参加や情報収集をされて来られた場合が多くあるようです。現地会場での様子や、少し前に開催された日本未来学会の50周年記念大会での発表傾向や世界未来学会への参加報告文の一部を参照させていただくとそのようにお見受けします。

　ただ、わたしが経験した世界未来学会のコアの経験は、そういうことではなかったことを明記しておくことをお許しいただければと思います。

　ウィズコロナの経験の中、何を学び、どのように変換したアフターコロナの世界をわたしたちは、共創してゆけるでしょうか。

　何といっても、わたしたち人間よりも生命的存在として、はるかに先輩であり、人類は、まだ、その微々たる一端にしか触れていないことは明らかなあらゆる微生物たちは、コロナの状況がどのようになっていても、いつでもどこでもわたしたちの身の回りでも、身の内でも膨大な活動をしています。危機の時勢となり、微生物という存在性の可能性に気づく方たちは、増えていますが、そのポテンシャルについての学びは、わたしたちはまだ入り口を見つけたばかりの状態に近いように思われます。「いつも微生物と共に在る」のがわたしたち人間の実態であり、もしかしたら、未来への大きな鍵がそこに眠っているのかもしれません。

3. 惑星系学術連合（PAF：Planetary Academic Federation）の共同発起へ

　世界未来学会のコアの一人であったバーバラ・マークス・ハバード

（『意識的な進化　共同創造（コ・クリエーション）への道』（原題：CONCIOUS　EVOLUTION、ナチュラルスピリット刊の著者）は、米国の副大統領候補にもなったことのある人ですが、亡くなられた現在も学会の呼びかけ文にも明らかなように、立役者であった彼女の影響は、多大です。

　1999○6○にコスタリカの国連平和大学で開催された「時間と平和」をテーマとしたプラネタリィな世界サミットに招聘され、わたしは、教育の小委員会でのコアカリキュラムの策定に携わりました。このサミットへの参加体験は、様々な文明・文化のインフォメーション方式に触れ、学ぶ機会となり、無形の膨大な未来的蓄電池のようなものを受け取ったといえることになりました。これは、現在、ようやくそれを認識する側面ですが、その他にもたくさんの体験が無理なく濃縮していました。

　このようなプラネタリィなスケールと質のサミットは、日本ではその兆しすらまだ、ありませんでした。新千年紀の幕開けに、日本からも呼応する必要があることを深く自覚し、一大決心をし、身に余ることではあっても、数ヶ月間の準備で、2000○2○に神戸で「平和・自由・時間」に関するプラネタリィなサミットを３日間にわたり、後述するピーエーエフとして主催しました。ピーエーエフは、その後日本では、内閣府認証の特定非営利活動法人 000 ピーエーエフとなりました。サミットの主催は、当時の地球大学（現在のGU）有志の献身的な協力により、運営がされたものです。五大陸からの代表者を招いてのものでしたが、『エノクの鍵』（ナチュラルスピリット刊）で著名なJ.J.ハータック博士もその一人でした。

　日本でのこのサミットの開催に向け、事前準備を進める中で、1999○7○に米国サンフランシスコでわたしも共同オーガナイザーとなり発足したのが「Planetary Academic Federation」（PAF、惑星系学術連合）で

す。日本では、内閣府認証の特定非営利活動法人として2001○に発足しました。当時の国連特別顧問のインドのラシミ・マヨール博士も共創メンバーの一人でした。博士とは、神戸でのサミットの他、日本でも様々な活動を共にしましたが、詳細は、後のセクションでお伝えします。

　日本でのサミットまでの数ヶ月の準備期間、海外のプラネタリィなリーダーたちとの多岐にわたるコミュニケーションの相手の一人が、バーバラ女史でした。PAFのもう一人の共同オーガナイザーの案内で、米国カリフォルニア州サンタバーバラの女史の自宅を訪ね、交流しました。その際、コクリエーション（共同創造）やピース・ルームのことを直接、伺いました。わたしたち人類の地球での平和な未来を共に創っていけるよう、PAFと同時に特定非営利活動法人化された現 000 PAF GLOBAL UNIVER-CITY（GU）では、当初より、コクリエーションは、法人活動の基礎であり、４つの会員カテゴリーの中には、ピース・ルーム会員が含まれています。

　近年、「共創」は、日本でも高等機関や自治体などでも盛んに謳われていますが、少なくとも、その大きなルーツの一つである、バーバラが推進した「共同創造」は、プラネタリィな視点なくしては成り立たないものであることは忘れてはならないと思っています。

　プラネタリィな視点とは、地上目線の延長になりがちな「グローバル」（地球規模の）といういわば、平面的なパラダイムから捉えている球体認識から、俯瞰を基本としたより広い時空間認識を基本とした惑星系的視野のパラダイムからの地球認識への第一歩ともいえます。もちろん、天体相互の働きの地上への影響性を視野に置くことも基礎となりますし、GUでは、より日常的な表現で、山も海も植物も鉱物も動物も微生物も星々も人間も、すべての存在性の働きの本質が繋がっているという認識

の表現として使用しています。

　しばしば、原題が「Planetary……」となっているものが、日本語訳で「地球……」となっているのを目にしますが、その意味合いはまったく異なります。日本の現代文化には、まだ、日常概念として定着していないのが、「プラネタリィ」であるともいえます。社会課題の解決にあたって「プラネタリィな視点」というと、抽象的であったり、違和感があったり、現実的に浮き足だったりしているように捉える傾向もありましたが、むしろ、逆です。本気で現実的に困難な課題の解消を希求してゆくと、プラネタリィな視点やアプローチがなくては、各地での取り組みは、バラバラのままとなり、わたしたちは、足に繋がれた鎖を断ち切ることができない寓話の象のように、本来のポテンシャルを生かし合うことができないままになってしまいかねません。

　バーバラは、山道を導きながら、わたしをあるところに連れて行ってくれました。それは、この世界がどれほど荘厳で、西洋文化の神髄には、その特徴的な精神性が満ちているかを体験させてくれるものでした。

4．天の時・地の利・人の和

　世界未来学会で、単独でわたしが発表させていただいたのは、「天の時・地の利・人の和」というタイトルのものでした。発表後、参加者の一人が駆けより、自身の感想を伝えてくれました。
「他の発表は、みんなそれぞれの意見を言っている。だけど、あなたの発表は、自分が内側から知っていることを、伝えてくれている」と。言葉だけではない、対面でのコミュニケーションが印象的でした。

　また、アタッシュケースを持ち、見るからに専門家らしい構えの男性は、感想ではなく、いきなり「どこそこの地域の海底及び海岸の状況は、

このように保護されています。そして……」と、こちらが何もそのようなことを尋ねもせず、話しかけてもいないのに、確実に、「任務報告」をしてくるのでした。

　まるで、銀河的な公務員（ギャラクティック・オフィサー）のような歯切れのいい明確な報告でした。わたしの発表内容は、「現実化への基本」を包括的に伝えるもので、先端科学としてとられている形式や手法を一切使用しないものでしたが、そこに含めているインフォメーションに呼応したコオペレーションを一面識がなくとも即座に行うことができる人が適時存在することを確認できた頼もしい経験でした。

　わたしは、伝統的な思想や哲学として、この発表をしたわけではありません。その意味での専門家でもありません。あくまでも、地球社会の現況を変換してゆくことを望むのであれば、その働き手として、必須の基礎として、また、「フィールドシップ」の名称で現在も伝えている、新時代のソフトテクノロジー、あるいは、スキルへの導入として、このことを体に収めることが基礎となると認識して伝えたものです。

「天の時・地の利・人の和」は、日本ではよく知られていますが、孟子の「天時不如地利。地利不如人和」に由来します。原典では、「天の時は地の利に及ばず、地の利は人の和に及ばない」という意味で使用されています。ただ、「天の時・地の利・人の和」を、わたしには、そのような意味合いでは受け止めていませんでした。「天地人一体」の働きが、現実化への本来の基本であることを伝え、人がバラバラであり、地球環境もズタズタにされている今、むしろ、天の時を観じとり、人として天地をつなぐ存在であることを思い出し、この地球でそれぞれが生きる場の特性を活かして、全存在性を回復することにより、現実化を可能にしてゆくことを呼びかけました。

　これは、哲学的な意味合いというよりは、実践的な基本といえます。

また、「フィールドシップ」として伝え、応用しているソフトテクノロジー、または、スキルにも通じてゆくものです。

第三章　地球社会の共創に向けて

１．コスタリカでの経験

　中米コスタリカは、平和への取り組みでも、環境や経済の地球社会の
ひな型としての取り組みでも、注目に値する国です。意志の強く深い人々
が先駆的な粘り強い活動を続け、困難な状況を乗り越えて、前例のない
道を切り開き続けています。

　コスタリカでわたしが交流した人々は、サミットに世界から参加した
科学者や宗教者、先住民族文化の保持者や女性社会活動リーダー、アー
ティスト、メディア関係者を含む実に多様な人々でした。教育の小委員
会には、ブラジルの学校の先生のみならず、学校に自ら行かないことを
選択した米国の若い世代が参加し、自分が学びたいのは、どういうこと
なのかを堂々と発言していました。

　いくつかの小委員会に分かれても検討したこの「時間と平和」に関す
るサミットで、初めてわたしは、世界の平和の実現や人間の暮らしの歯
車の噛み違いの緩和に、習慣的にも制度的にもルーティン化している暦
の意識的な使用が寄与しうるという認識を得ました。主催者は、他界し
たホセ・アグエイヤス博士と当時のパートナーのロイディーン・アグエ
イヤス女史でした。PAFとして主催した2000○2○の神戸での「平和・自
由・時間」に関する世界サミットには、アグエイヤス夫妻も招聘しまし
た。

　後述しますが、暦については、以降、ずっとプロセスを踏んでいます。
ただ、暦という認識というよりは、「クリエーション・フィールド」の学

びとそのコオペレーションとして認識しています。

　それまで、日本では、「人間としての本質的な学びとは」の一貫した
テーマで、全国で講演活動などを行っていました。著書を読んで、申し
出をいただいた方が主宰者となり、互いに初めて顔を合わせた読者ボラ
ンティアの方々が当日スタッフとして運営してくださるという、ありえ
ないような方法でずっと実現していました。全国各地、どこに行っても
100人から500人くらいの方々が参加して下さっていました。わたし一人
が当日、現地に行かせていただき、着席して2時間くらい語らせていただ
くスタイルが基本形でした。

　わずか3-4年の間に、筆舌に尽くし難いことを行い続け、1999○のコス
タリカ行き前に、東京・渋谷のプール付き会員施設の支配人の依頼での
イベントを実施しました。カラーセラピーで知られるオーラソーマ出身
で、別事業を立ち上げたドイツ在住のカップルを招き、話をしてもらい、
ダンサーの光華さんたちの赤と白をテーマにしたオリジナルダンスと歌
のパフォーマンスによる芸術的な企画でした。この時、わたしは、これ
が日本での活動の一つの区切りであることを自覚し、コスタリカ行きで、
いわば、銀河の一つの門が開くことを認識し、期していました。

　それがたとえ、不調和なエネルギーもある場であったとしても、だか
らこそ、むしろ行く必要があることを自覚していました。コスタリカで
の経験は、多文化の学びをとことん深め、その後の未知の航海の始まり
ともなるものでした。

　未知を誰もが体験しているこれからは、厳しさこの上ない時空間環境
にあっても、プラネタリィな本質とのコオペレーションを学んでゆく方々
もいらっしゃるかと思います。もちろん世界中で、フルコミットでライ
フワークを続けている方たちは、既に、数多です。コオペレーションの

ない共創は、その醍醐味と有効性を経験しないままになりかねません。離れていても、会わずとも、共に未知を拓いてゆくのが、クリエーションとのコクリエーションをする人々であるといえます。

　底支えとなり続けているのは、地球自身から伝わり、生命の危機を丸ごと受けとめ、すべてを超えて開始した地球大学（GU）の開拓への自らの決心それ自体。母親が自分の子を殺し、子どもが子どもを殺す衝撃への生命としての自然反応。そして、このコスタリカで目の当たりにし、全存在で充電した、先住民が行う、母なる地球へのどこまでも深く熱い感謝に満ちた真摯な祈りから伝わる生命に沁み渡るエネルギーインフォメーション（EI）です。あの永遠に続くひと時です。

2．地球史の掘り下げ

　1999○当時、日本で起きていた既成概念をはるかに超える意識変換や、地球社会の移行への学びと社会的な動向の只中で、「未知を拓く」日々を送っていたわたしは、世界の識者に触れて初めて世界のいくつかの先端機関などが発足した背景の基盤に精神性があることを直接知りました。無論、便益目標の達成のためという実利的な目的でのものも多くあると思いますが、エリートたちの頭脳と合理性によって運営されていると思っていた国際機関の設立に、それらを持ちながらも、より以上に、精神性、芸術性、現実的な経験、文化認識、平和や公正への強い希求、地球史の掘り下げがあることを目の当たりにしました。

　コスタリカでの世界サミットは、国連平和大学で行われましたので、そこに勤務され、大学近くに居住されていた、当時の国連事務次長補佐のロバート・ミュラー博士より『真・地球の歴史』（ナチュラルスピリット刊）に通ずるような話を伺った際には、少なくとも日本社会では、学

問や社会常識の「箱の外」とされているような視野を通常の範囲とし、地球史の足元の認識として現実を拓き、未来を実現する仕事をしている姿に、古い親戚の大伯父さんに再会できたような、大きな安心感と親しみをもちました。

　博士は、国連の縁の下の力持ちとして、40年にわたり、３人の事務総長を支えた事務次長補佐として生き字引のような方でした。国連開発計画、世界食糧計画、国連人口基金などの多国間機関の構想に携わった他、「世界コアカリキュラム」を作成し、ユネスコ（国際連合教育科学文化機関）の平和教育賞を受賞されています。

　サミット参加者をご自宅近くの丘の周辺に案内してくれ、周囲の山との親しい関係性について語り、思い浮かぶかぎりのもっとも大きな夢を具体的にあげ、それを叶えるための機会を全員に与えてくれました。様々なテーマのベンチが丘の上に配置されており、好きなベンチに座り、小石を拾って行うセレモニー的なアクティビティです。参加者一人一人がそれぞれの国や地域で、地球社会の未来に向け、平和で生き生きとした世界を心に描き、それぞれの方法で目一杯の実行をしている人たちでした。博士のガイドと相まって、この実施は、わたしのその後にも大きなインパクトと効力を残すものとなりました。

　2003○、博士は、五井平和賞を受賞され、奥様が来日されました。授賞式には、わたしも参加でき、心からの謝意の言付けを託させていただきました。

　博士と出合えたことにより、国際的な長年にわたる最前線の働きの地下水脈には、いかに、わたしたちの堅牢な先入観念を遙かに超える達観がありうるものなのか、日常の仕事の持続や、困難な事態への脅威的なまでのレジリエンスの基礎としてもそれが実際、働いているものなのかをはっきりと知ることができました。

3．サンフランシスコの先端文化

　1999○7○以降、サンフランシスコでのPAFの発足後、現地の活動に参加させてもらう機会もありました。

　余談ですが、日本で発起し、活動していた「Global Univer-City」の名称と内容については、学識経験者やイノベーターにも、先見性とソリューションの可能性を察知していただける場合が多くありました。例えば、当時、シリコンバレーの自身の事業に成功して一段落した起業家が、次のビジョンとして「Univer-City」を着想し、地元のPAF関係者に開陳したそうですが、既に日本でその名称が使用され、活動が展開されていることを伝えられ、とても驚いていたそうです。

　（現在、UNIVER-CITIESの活動は、日本で手づくりで育てられ、地域の方々との共創でも共有され始めるようになっています。日本生まれの「地域・地球社会の共創」の生きたプラットホーム、エコシステムとして、いのち蘇るわたしたちの暮らしを足元から共に実現してゆくことを目的としています。UNIVER-CITIESについては、後述することにします。）

　1999○10○のサンフランシスコでの経験で、特に大きかったのは、フェアモントホテルを会場として開催された世界フォーラムを裏方関連の一人として内側を経験できたことです。世界には様々なタイプのフォーラムが現在も数多く開催されています。世界の最も先端的な学者や先駆者などが集ったその時のフォーラムの多様なプラネタリィな内容は、新千年紀への事始めとしての志が満ちていました。

　参加費も、聞いたところによると、数千ドルを下らないということからも、セレブ層や、エグゼクティブ層が対象であり、どこでも触れら

れるようなものではない、斬新な内容であって当然でもありました。「プラネタリィな働き」が実質的な深層まで、どのような方法を自然にとって行われるものかのライブシーンも随所で起こっていました。格別の価値ある内容に触れることができるという位置づけのフォーラムで、どのようなことが語られていたのか、それは、古くて新しいパラダイムが姿を見せた歴史的な数日であったとも言えそうです。

４．アートが導くプラネタリィな展開

　アート作品が大きな投資の対象ともなり、芸術家と評されるには、摩天楼のような仕組みの中での竜門を登り切り、美術史的な知識、多様なテクニックなども駆使できることが求められることは、承知しています。実際、アートの扱いを生業とするいわゆるプロフェッショナルに、日本でのある講座時に質問をした際には、例え、作品の販売で収入を得て、生計を立てていたとしても、「背景を相応に伴っていなければ、アーティストとは見做さない」という口ぶりでした。はっきりと言わなくても「ああ、そういう意味ね」と言葉に出し、その蔑視は、あからさまでした。

　皆さんは、どうお考えでしょうか。

　本を出すこともですが、アートについても、わたしは、「それを目指したり、願望したり、練習を積み重ねたり」といったプロセスを経ていません。

　あるのは、ただ、本質的な生き方を刷新し続けるというコミットメント。「どのようにしたら、生きる歓びや豊かさをだれもが味わえるような社会になるのか」、「それぞれの働きが活かされ合うようになるには、何が必要なのか」といったことについては、瞬間瞬間といっていいくらい、探究し、見極め、調整し続けています。地球が置かれている時空間環境

への対応については、不可視の領域でもあり、知覚力が必須となるため、黙々と作業を続けるのみでもあります。

　その探究の中で、基本的な整理もし、加速学習の基礎も含んだシステム化もさせていただいてきました。不可視のスキルの意識化や応用の側面もある「フィールドシップ」の一環として執筆、アート、共育のプロデュースもあると現在では、認識しています。これは、世の中の調和的な変換に何らかの形で必要でないものは、現すことも、形になることも、世に出ていくことも必要ではないと自身の作業については、思い切っている上でのことです。もちろん、これは、そう思うのが、わたしにとっては、自然なことであるからだけです。

　まさか、アーティストとなるとは思ってもいなかったわたしですが、加速学習法自体にアートがふんだんに使用されていたことが機縁となり、集中コースなどの現場で使用するパネルを自筆する必要が生じたこと、また、『直観で生きる』（PHP研究所刊）の出版をきっかけにアートを描くことが始まりました。実際的には、それ以前にも著書はありましたが、PHPさんからの最初の著書の表紙の絵をどうするかとなった時に、だれかが描いたものであると色々と複雑にもなり、また、書いた内容の趣旨とも合わない状態が生じることもありえたため、まったくの素人であり、描きたいという個人的なモチベーションはまったくなく、そのシチュエーションへのソリューションとして、描くことになりました。絵の具も絵筆も、どれにするかを決めるところから、まっさらにスタートしたといえます。

　それがどうでしょう。前述したロザノフ博士にお会いするアナコルテスへの次女との加速学習の学びの旅の最中にその本が日本で出版されていたのですが、帰国してみたら、たくさんの手紙の中には、青森のギャラリーからの個展の申し出などもあり、それから、アートが自らオーケ

ストレーションする流れが加速化しました。早速、個展が実施されるだけでなく、読者の方々が全国で主宰しての個展が続き、わたしのアートを扱う方が九州にも現れました。「覚えています」などの感想もあり、アート自体が未知の扉を開け、新たな世界を広げているようでした。

　これは、国内だけではなく、オーストラリア在住の日本人の方からの現地での設置やお話し会を望む声があったり、足立幸子さんのアートのご縁で、フランス在住の日本人の方が現地で二人展を主宰してくださったりするなどのことが起こりました。それは、アートを通じて、扱ってくださる方々の潜在的な感性や存在することの本質を表現する場が活性化したということなのかもしれません。これも、様々な見方や見解をお持ちの方々が関係者の中にもいらっしゃることは承知しています。観点の違いは、人間社会に様々な波紋を起こし、地球文明の課題を自ら増幅することもありがちです。目安となるのは、プライドや「けしからん」感、「それは問題だ」の態度が大海の一滴ほども入っていないか、AI（アイ）が被害者意識で覆われていないかなどです。

　一方では、帰国後、すぐ、地球大学（GU）の発足の第1回の講演会も、1996○3○に開催実現となりました。加速学習法の英語集中コースの参加者の方々がスタッフをしてくださり、当日は、雅楽の笙の奏者の方まで、この開幕に駆けつけ、演奏してくださいました。

　それからは、文字通り、怒涛のような毎日が始まり、サンフランシスコのその日もあったわけです。この頃は、顕在意識での判断や仕事ではなく、すべて直観で瞬時に対応をして具現化していました。膨大なインフォメーションと現実的なプラネタリィなオファーなどが堰を切ったように光速的に溢れるように巡ってきた感じです。この当時は、少し、専門的な探究をしている普通の主婦がいきなり招集されたような感じでした。

　2000○という時空間に至るまでの突貫工事の現場を経験するような日々でした。1から13のアライメントへのまったく異なる学びと作業を同時に行うような状態で、周囲の方々のご理解や共感を十分にいただくことは到底、不可能なことでもありました。それはあたかも、その頃世に出たてのクラシックなコンピューターで遥かにキャパオーバーの膨大なインフォメーションの処理に応じ、具体化していたような状況でした。

　この時期の経験は、現実を生き、多元的な仕事をするのに自ずと求められる学びとスキルを、実際的な仕事の現場で自らの内外の天然の倉庫から引き出して、ものすごい勢いで復旧・活用しているような状態でした。人間としてクリエーションに呼応して生きるということは、静止的に数字にすることも言語で表すこともはるかに及ばない、常に思考域を超える速さと同時多発性を伴う変化を経験し続けることであるとの基本的なアンダースタンディング（ものごとの基礎の限りない奥底に存在性の足元を置くこと）を養成することになりました。数学・気理学・光学・工学の未来の応用は、この領域の調和的な技術の中に含まれると理解しており、既に日常の中で毎瞬、応用して生活をさせていただいていることを自覚しています。

　世界フォーラムでは、いくつもの貴重な出合いがありました。中でも先方の熱意が考えられない程熱かったのは、持参していたシルクスクリーンアートシリーズの「レインボーライト」を通じて起こりました。「レインボーライト」シリーズは、現在まで、限られた場所でしか展示されていませんが、プラネタリィな社会が実現した地球の時空間の諸相が表現されているともいえます。同一のデザインをそれぞれに異なる8つの色調で仕上げられた8枚で構成されています。

　フォーラム会場のフェアモントホテルのそれぞれの部屋の前には、ス

ペースがあり、イーゼルで案内やポスターなども展示できるようになっていました。8枚すべては展示できませんので、設置可能な2枚を選ぶことにしました。この色の選択が、出合いに決定的に直結していました。直観で確認し、オレンジとグリーンの2枚にし、上下に並べて展示しました。これは、PAF関係者が裏方であったから可能になったことです。

　その時、わたしは、その2枚のアートが入り口の外に展示してある大部屋での発表に聴き入っていました。それは、とても美しいプラネタリィな自然の姿を映し出し、発表内容もゆたかな時空間を伴うもので、わたしは、本当に久しぶりに、ゆったりと光を浴びているような状態でいました。ところが、突然、耳元で、"Back to Earth!"（「地球に戻って！」）という声がします。PAFのコオーガナイザーでした。「用事がある時だけ、呼んでほしいと頼んでいたのになんでこの場面で呼び戻すの？」と残念に思いました。

　続いて伝えられたのは、「外で是非、会いたがっている人がいる」とのことでした。

　まったく心当たりも、そんなことがあるとも考えられませんでしたが、入り口の外に出てみると、そこには、初めて会うのに、本当に興奮し、感激しながら、わたしに飛びつかんばかりの人が待っていました。「レインボーライト」のオレンジとグリーンを見て、「これこそが芸術だ！　これまで見たどんなアートにもこのような感動をしたことはない。これこそが芸術。地球のアートだ。感動でいっぱいだ。ああ……」と本当におろおろするような、どうしていいかわからないような様子で顔を見るなり、感無量で立ち尽くしているのでした。

　この人が、ラシミ・マユール博士。インド出身の国連特別顧問で、世界中を飛び回り、草の根の人々と共に環境問題、災害からの復興などに取り組むと共に、各国で講演活動も精力的に行い、執筆もするハーバー

ド大学出身の方でした。その後、博士とは、非常に密接に連携し、日本にも何度も来ていただき、共にPAFとして活動していただいたのでした。

　数日間にわたるこの世界フォーラムの終了後、後片付けが終了した後、わたしは、ポートランドに行くことになっていました。コスタリカのサミットに、持参した12枚のリトグラフシリーズを受けとった、ホセ・アグエイヤス博士が、ポートランドに新たにオープンした「Planetary Art Network」（PAN）のギャラリーのこけら落としに、わたしのアートの展示会を開催して下さり、トークやレセプションも企画してくださっていたのでした。

　フェアモントホテルの正面玄関の前には、博士の長年の労に少しでも報いるために、若手の人たちが、リムジンカーを手配していました。成り行き上、わたしも同乗することになり、真っ白なリムジンカーに乗り、皆に手を振られて見送られたのは、まるでどこかの映画のワンシーンのように、印象に残る洒落た光景でした。

　アートは、マウイ島でも描くことを行い、現地のシンガーたちのイベントポスターへのアート作品の提供なども行っていました。その後、筆や素材を通じての表現から、人間がこの地球で共に生きること自体をアートとして認識し、社会に流れる風や水や生命の息吹をテーマとしたライブのクリエーションとのコクリエーションをアートの粋として自覚し、主に実施し続け、現在に至っています。

　ビジュアルアートについては、お陰様で、現在、宮城県仙台市青葉区一番町一丁目の創業425年を超える老舗企業のタゼンビル2階の一画に、「MAYUMI MORI ART SPACE」（MMAS）を常設展示していただいており、予約制でご覧いただける運びとなっています。（参照：https://13artspace.jp）

5．ロシアのプラネタリィな学者や普通の人たち

　身の回りのものごと、他者や他国、歴史や現在の生活環境について、わたしたちの見方や感じ方は、家庭・学校を含む社会通念や信念体系に大きく影響されています。人生への見方や感じ方についてもそれは、いえそうです。

　ただ、それだけではありません。様々な出来事や、自らの意識的な学びや気づきによって、それらは変化したり、塗り替えられたりします。地上で生きる間、わたしたちはどこまで行っても、開眼し、「再起動」をしてゆくことが可能といえます。それこそが、学習力であり、イノベーションの基礎力ともなります。

　世代にもよると思いますが、例えば、ロシアについて、日本生まれ、日本育ちのわたしは、それまで親しみを感じる機会もほとんどなく、むしろ、何となくこわいという印象を持っていました。多くの国々で、現在も非人道的なことが行われていることは認識していますが、初めて現地で「普通の人々」と安心して文化交流する機会は、そんな先入観を外させてくれました。

　この「普通の人々」とは、権力をもたないことを意味すると同時に、人種や国籍を超えて、地球に生きる人として、普遍的な視座をもち、たおやかに生き、生命の一存在として交流を編むことができるような方々を指しています。

　コスタリカでの世界サミット後、参加者とのプラネタリィなネットワークを得たわたしは、2000○が明け、日本での世界サミットの主催後、ロシアのモスクワで開催された教育をテーマとした国際大会で、日本での

地球大学（GU）の活動報告をする機会をいただきました。ロシアでは、直近の変遷を経て、学者も人々も、何を支柱として新たな歩みを進めてゆくかの探求と開拓の並々ならぬ息吹が感じられました。

　当日は、大臣級の方やモスクワ大学の教授を含む学識経験者、文化人、宗教者、世界各地からの教育関係者の出席がありました。パネルディスカッションで印象的だったのは、ロシア正教やカトリック、プロテスタントなどの聖職者たちが、「宗教までもが国際紛争の引き金に使われてしまっている世界の現状からは、もう、残された普遍的な解決の道は、教育しかない」と強く語っていたことです。「だから、わたしたちは、この国際大会を開いたのだ」とも語っていました。様々な立場の人たちが、心から力を合わせて、この大会を開催したことがとても伝わってきました。

　世界の課題解決に向けてエデュケーションが果たしうる役目にフォーカスしたこの発言は、示唆に富むと同時に、わたしには、形式化や人間性の疎外にすら陥りがちな制度教育の現実を含め、どのようにしていったら、エデュケーションが本来の可能性を実現してゆく方向となるのかを拓き続けるためのさらなる「呼び水」ともなりました。

　1991○ソ連崩壊直後、1992○に設立され、世界各地での遠隔教育も行ない、現在では14万人の学生数を擁するという私立大学「Modern University for the Humanities」（MUH、人文科学現代大学）が会場となっていましたが、その学生への激励録画撮りもありました。

　ロシアでのコオペレーションの行程のすべての出合いや段取りをコオーディネートし、通訳もしてくださったのは、コスタリカの世界サミットにも招聘され参加していたロシアの茶文化協会の会長です。協会の方々とも交流させていただくと同時に、ご自宅にも泊めていただきました。国際大会終了後、協会に戻っていると、突然、会長から「来訪者がい

る。」と伝えられました。予期せぬことでしたが、面会者は、黒塗りの車に乗り、側近も従えているような感じの大臣級の方で、国際大会でわたしの報告発表を聞いていた方でした。それは、ユネスコのロシア代表の方でした。わたしの滞在先を調べ、わざわざ、会いに来られたのでした。

　ロシアの方の大地を震わすような、太く力強い声を経験したことはありますか? 腹の底から響き渡るようなコミュニケーションです。その方は、わたしと対話するために来てくださったのでした。大きな体格のその方が、子どもたちへの思いを切々と語ってくださる真情は、わたし自身にも共通するところであり、こんなに忌憚のない話をしてくださるなんて想像もしていないことでした。大人たちが、子どもたちを犠牲にして、争い事をしていることがやりきれずに仕方がないとのことでした。

　その時その方からは、世界の教育モデルの具体案がまとまったら、自分に連絡をしてほしい、ユネスコで検討したいのでと伝えられました。「わかりました。」と応えてから今日まで、その課題を胸に、世界の生きたモデルの一つともなるよう、わたしは、GUでの共創を持続しています。それが「EDUCATION　FOR　LIFE」(EFL：充ち足りた生の共育)であり、UNIVER-CITIESの展開です。

　ユネスコには、世界の叡智が結集し、現在では、国連としても世界に向けて、「だれ一人置き去りにしない」ことを掲げ、SDGs(持続可能な開発目標)に一丸となって取り組んでいます。日本でも「持続可能な開発のための教育」のグローバル行動プログラム、エコビレッジ・デザイン・エデュケーションとしてガイアエデュケーションが実施されています。あえていえば、SDGsは、あくまでも開発のための教育という位置付けになりますが、EFLは、生命の一員としての人間の学び、学ぶことは、「充ち足りた生」を実現することであるという位置付けの違いがあり

ます。

この訪問では、様々な方たちと交流したり、日本では経験できないような「フィールドシップ」と呼んでいる領域での即座のコオペレーションを経験したりすることができました。まったく別のテーマでのシンポジウムでの発言の機会も用意されていました。モスクワ大学の教授たちに、ロザノフ博士から学んだことがあると伝えると、後輩を思い出すような口調で、親しげにその名を口にしていました。

ロシアは、共産主義圏となり、宗教はないも同然となっているように思い込んでいましたが、文化人の中からも、非常に純粋に「母」を慕っている生の声を伝えられもしました。「お父さんが、『先ず、お母さんを大切にしなさい』と言っているので、わたしたちは、そうしているのです」と。一瞬が永遠に続く時というのは、あるものです。

ある科学者の家族は、自宅でのお茶に招いてくれ、団地のような集合住宅にある住民向けの小さな文化ホールで、クラシック音楽をピアノで演奏し、歌まで歌ってくれました。この時、わたしは、文化の深さと裾野の広さを実感し、日本の日常生活の文化の質感とはとても違うことを肌で学びました。

様々な切り口やテーマで、新しい千年紀の世界の方向性を拓く取り組みをしている人たちがいました。中には、オリンピックという競うことを基本としたスポーツの祭典が盛んな状況から、「そうであれば、『デルフィの祭典』も世界の文化・芸術が集える機会として、4年に1度開催される必要がある」とニュースレターなどを発行している人もいました。

夜行寝台列車に乗り、モスクワからサンクトペテルブルクにも案内していただきました。

そこでは、プラネタリィな生き方が生活文化になっている数人のコア

の方たちが迎えてくれました。アパートに住む人の住居を皆で訪れ、語らい、そのうちの一人がフライパンで作ってくれたキャベツ料理を皆で食べました。シンプルなのに、なぜ、あんなに美味しいのか本当に不思議でした。

　ロシアにも12枚のリトグラフを持参していたので、お見せしました。「確かに傑作だね」と語気を強めた感想をいただきました。お付き合いでものを言うような人たちではなかったので安堵すると共に、プラネタリィなアートの可能性を確認することができました。

　ロシアのサウナも経験し、最後は、白夜の中、エルミタージュ美術館の敷地内を皆で散歩しました。あの光景は、人類の至宝の歴史の場が、自然世界の芸術的な営みに照らし出され、多元的に慈しまれているような、わたしたち人間もその生きた一員として、荘厳な静寂に包まれているのを実感するものでした。

　モスクワに戻る列車に乗る時、皆が、見送りに来てくれました。「あなたの訪問は、成功したわ。だから、わたしたちは来たのよ。そうでなければ、見送りになんて来ないわ」とその中の一人がはっきりと口に出して伝えてくれました。そうです。わたしたちは、互いに深いコミットメントをもって生き、地球共生社会の共創をライフワークとしているのでした。

　国自体の激変、新生は、そこに住むだれもの人生・生活の基盤の崩壊をともなうことは、避けられません。生きているうちに多くの人が、2度も全財産を失うような経済生活の経験。それを生き抜く中で、身につけざるを得ない、しなやかな強靭さ。そこを生きている人たちに、なまじっかな知識も経験も人間性も通用するものではありません。すべてゼロポイントで、素のままで真実を穏やかに貫き、交流することだけが、基本であることを確認することができました。

　その後も何度か機会があり、ロシアの大地を踏みました。その度ごとに、かけがえのない地球に住む人間として、文化が融け合うような交流を経験させていただきました。

6．中国発の社会科学の叡智

　国連特別顧問のラシミ・マユール博士と出合ったサンフランシスコの世界フォーラムで、一際注目され、高く評価されていたのは、中国社会科学院の社会科学者、金周英先生の発表でした。先端的な物理学者や、未来学者も評価し、西の知性と東の叡智の架け橋となる斬新な研究活動を精力的に拓かれていました。経済価値の上からも、世界の社会的方向性の上からも、「ソフトテクノロジー」の重要性を指摘し、陰陽のモデルを提起し、世界の識者を前に堂々と主張されていました。

　昼食時に同じテーブルとなり、女性の参加者が比較的少なかったことと同じ東洋の女性ということで、忌憚のない意見を交わし、フォーラム開催中に、共に「Global Institute for Soft Technology」（GIST）を起ち上げることを約しました。手始めには、日本でソフトテクノロジー総合研究所として、金先生の論文の自社出版をしました。

　わたしが所長ということで数年間、共に活動させていただきました。その間、中国では農暦があまりもう評価されていないようであったため、世俗的な本としてではありましたが、農暦について現地の方がまとめた本を中国で出版させていただきました。金先生は、日本語も堪能で、しばしば日本にも研究で来日されていましたが、その誠実で思いやりのある人柄には、大きな信頼をおくことができました。

　当時、創生的な時機でもあったこともあり、日本でこれまでにない趣旨と実践方法での華道を創流させていただきました。創流にあたっては、

源流の基本的な学びも必要であったため、華道の起こりもやはり中国であることから、華道の歴史について現地で調査し、まとめていただいた本も中国で出版いたしました。これらもすべてソフトテクノロジーに関わる事業でもありました。

　流としての正式な衣装が必要な場合もあり、その発注や、日本のNPO法人で使用する法人印の手配など、きめ細やかな協力もしていただき、「共創」を体験することができました。世田谷や北京での一コマ一コマが懐かしく思い起こされます。

　華道については、かけがえのない国内外での活動を、関わった方々と共にさせていただきました。趣旨をそのまま永遠に留めることを期すために、後年、活動自体は、停止し、流としては、解散させていただくこととなりました。ただ、現在も、その趣旨は生き続けており、自主的に活けてくださる方々がいらっしゃり、本当に続くとは、どういうことであるかを味わい、ありがたく思っています。

　その後、ご無沙汰していますが、2011○の震災の後には、安否確認の電話をくださいました。近年、中国での紙出版だけでなく、電子出版もされており、「人類の未来」の題名で、「全球文明から偉大文明へ」を副題として、段階的な論理の組み上げにより、渾身のメッセージを全世界に送っていらっしゃるのを知りました。

　現在が、人類としての存続の危機にあることに触れると共に、生命の尊重、自然の畏敬に触れ、ハードテクノロジーとソフトテクノロジーのバランスをとることの必要性、陰陽の叡智の応用の有益性を提言し、未来世代のために、グローバル文明の次の「偉大な文明」へと向かっていくことを示唆されています。それには、「天人合一」が要であることをずっと伝え続けていらっしゃいます。

　中国には、だいぶ前に何度か行かせていただきましたが、急激なまで

の変化は、隔世の感があります。中国語も流暢なロシアの茶文化協会の会長の中国茶の取引などにも同行の機会がありましたが、少数民族の暮らしの激変、媽祖についてもほんの少し、触れさせていただきました。

7．インドに湛えられているもの

　インドの精神文化の土壌からは、世界の新しい時代に向けての何らかの可能性があるように思われます。精神性は、目に見える領域ではないために、関心がなかったり、拒否反応があったり、自身の共鳴域と合わなかったりする人にとっては、異質な文化です。確かに、儀式化されたり、透明性がなかったりするものには、様々な要素が入り込んでしまっているものもあり、違和感が際立つものもあります。

　人間の意識を脳の活動域のみに帰属させようとする現在までの多くの科学者からは、集合的な意識圏や時空間をわたるような意識は、「ないことにされている」ともいえます。しかし、その科学界の既存の最先端の学術界からも「意識が先ずあった」という仮説に基づいての数学的な表現や論理の組み立て、研究室での研究の持続の他、一般向けのトークや対話なども今は、精力的に繰り広げられています。

　学術の世界は、人間が取り決めた枠組みや積み重ねに基づくことがルールとされ、例外があれば、例外として処理され、完全なゼロでなかったとしても、限りなくゼロに近いということをゼロとして処理することも常套手段であるようです。そうやって突き詰めて積み上げていったプロセスは、最後の最後は、これまでの手法では、証明しきれないということも起こり、課題となっているとのことです。

　ITの分野では、インド出身者の活躍がよく知られています。現時点で、グーグル、アドビ、マイクロソフトの社長は、インド出身であるこ

とはよく知られています。AI（人工知能）の分野でもインドから現れる知性・技能は期待されているようです。人間科学とテクノロジーが複合的に交錯するような分野では、数学的な明晰で多元的な思考力、システムとして設計・具現化するエンジニアリング力が、人間の学習や行動の特質についての認識力と相乗化されてどこまでも深く広く精緻に駆動してゆく必要があります。これには、膨大な意識の駆動域を要し、そこから着地に至るには、正に、洗練された感性と精神力が必須であるともいえます。

　インドの精神文化や哲学的な背景、そして、路上を生活や商売の場とする何千年来変わっていないような生きることの現場そのもので暮らしをする人たちの多さ。コロナ禍の危機を含め、混沌と様々な格差を目の当たりにする振り幅の大きい社会の中で、突出する能力を磨き、競り上がってきた人たちの世界での先駆者性は、AI（人工知能）の先あるいは、本源的なソフトテクノロジーの領域でも文化としてのポテンシャルが発現してゆくように思われます。

　ラシミ・マユール博士もそうでしたが、世俗的な領域を超えた「地球に存在することの本質的なインフォメーション」をひと目で深く捉える感性と識見のある方が、インドの場合、要職にある方々の中にも多くいらっしゃるようにお見受けします。もちろん、それを失った方々も多くおられるでしょうし、他のロシアなどの文化圏でも次の時代に向け、その存在性を発揮して生命の環を蘇らせうる豊かな取り組みが大地の芽吹きのように現れていることは、様々に経験しています。

　ただ、こんなことも起こります。インド行きのビザを申請したある時、わたしはインド大使館から唐突に連絡を受け、「大使が面接をしたいということなので、大使館に来るように」と伝えられました。何事だろう、

何か問題があるのだろうかと少し、覚悟をして面接に臨みました。

　お会いしての内容をすべて記すのは控えさせていただきますが、きっかけになったのは、査証申請用紙に添付したわたしの写真を見てとのことでした。インドを意識しての写真だったのですが、それを見て、是非、直接会って、話がしたいと思われたとのことでした。深い「悩み」をお持ちのようであったので、「世界各地での様々な状況の中でのお仕事は、本当に大変なことでしょう」とお声かけしましたが、「そういう仕事が、大変なのではない」とのことでした。それは、より大きな領域のことであることがわかりましたので、それから先は、非言語の音を通じてのコミュニケーションとさせていただきました。

　短時間の面会でしたが、そのようなコミュニケーションが公式ともいえる場で初対面の時からとれるのは、わたしには、心強く思われ、「存在することの本質」を共通意識とした本来の人類社会の基盤は、どのような時代状況下においても、脈動し続けていることを確認させていただくことができました。どの瞬間もそうですが、この出合いも、正に、一期一会と言えました。

8．日本での二人三脚

　出合ってから、国連特別顧問ラシミ・マユール博士とは、非常に密に連携した共創の日々を送りました。何かの縁としか言いようがありませんが、博士からは、「自分のアドバイザーになってほしい」と依頼されていました。インドに帰れば、自宅は質素で、母なる大地とともに在りたいので、床に寝ているとのことでした。

　2000○の神戸でのサミットの開催中は、海外からの招聘者たちと共に、神戸市のしあわせの村に宿泊させていただきました。開催に際しては、

多くの方々のご尽力をいただきました。この施設を開設し、維持している方々の心が伝わってくる福祉公園であり、高齢者も様々な介助を必要とする方も主役として憩うことのできる施設でした。

　開催地を神戸とさせていただいたのは、1995○の阪神淡路大震災の時、何もできなかったままでいることへの申し訳なさと、「神戸」の名の通りの新たな事開きが始まることを願ってのことでした。サミットの内容そのものもさることながら、この時、このしあわせの村で、被災者に繋がる方と出合うことができたのは、大変嬉しいことでした。

　その後、被災者ネットワークの方々と、できうる限りの交流を続けさせていただき、地域の繋がりが断たれ、孤独死や二重ローンなどの現実を知ることになりました。被災者の方々には、ラシミ博士との出合いを非常に喜んでいただき、励みにもしていただくことができました。後日、代表の皆さんは、独自にスイスのジュネーブに本部を置く国際連合人権高等弁務官事務所（OHCHR）に陳情に行かれたとのことでした。

　現在、被災者の方々の高齢化は、極限まで達し、交流してきた方々は、代表者を除き、ほとんど亡くなられました。1○17○には、毎年、ピーエーエフの代表者が被災者ネットワークの方たちが主催する追悼式に参加させていただいていましたが、ついに2021○より開催は無くなりました。今でもそのシーンが忘れられないのは、2001○1○26○にインド西部グジャラートでマグニチュード7.7の大地震が起き、死者2万人、負傷者16万6千人といわれる大被害が発生した時のこと。神戸の被災者の方々は、すぐに街頭に立ち、道行く人たちにインドの方々への募金活動をされていた姿です。

　当時、ハワイでもNPO法人を発起し、現地での活動をし、ラシミ博士を招いての共同企画もしていましたが、日本には、何度も来ていただき、全国の何箇所かで草の根の交流会にも出ていただきました、中でも心に

残っているのは、新潟県でご協力をいただき、開催させていただいた有機農業者とラシミ博士との懇談会です。今では、考えられないかもしれませんが、その当時は、有機農業は、農林水産省が推進するような時が来るとは、まだとても思えないような時代状況でした。

その懇談会の参加者の一人であった高齢の女性が噛みしめるように語っていた言葉が忘れられません。農協あげて、村をあげて農薬を使うことが「正義」であった時代です。

「絶対に、農薬を使うことはしたくなくて。ずっと、村八分になりながら、有機を続けてきたんです。それが、当たり前のことだと思うから。わたしが生きているうちに、こんな日が来るとは、夢にも思っていませんでした。すべてが報われました」

それを伺ったわたしの方こそ、報われました。そんなに大変な思いをしながら、ずっと本来のことを通して来て下さった方に、「報われた」と歓んでいただけるような巡り合わせの場を設けさせていただくことができたことが、わたしにとって何よりありがたいことであるからです。

わたしも、ライフワークで、文字通り死線を越えるような経験がいく度かあります。それは、冒険家や兵士でなくても、農業や漁業の方々、医療、介護の方々の中にも、そこを何度も潜り、日常の底流を命のギリギリのところで仕事をされている方々が暮らしの最前線では、多くいらっしゃるのではないでしょうか。

ラシミ博士とは、国連特別顧問の方が、まさか、ここにまでと思われるようなところにもご案内し、当事者の方々との対話を直接していただきました。兵庫県の現在の「UNIVER-CITY HARIMA」の共創の場では、学校以外の場で主に学んでいる子どもたちを育てている方や、フリー

スクールのスタッフの方たちとの少人数での懇談会も行いました。その対話の内容が非常に深いものであったため、博士は、感銘し、「自分は、巡礼のようにここに通ってこなくてはならない。」と感想をもらしていらっしゃいました。この様子は、現地のビデオ記録に残されています。

　愛媛県今治市では、博士をお迎えし、現在に至るまでずっと地元で「ピースルーム・スペース・ミュール」の活動を持続されている当時はGUの地元の会員さんでもあった宇野タオルさんのご尽力で行政のご協力もいただいて、いまばりサミット「いのち輝く明るい未来」を主催しました。大勢の地元市民の方々が参加してくださいました。

　この時、経験した唯一残念なことは、職人仕事の本質を外さず、長年、地域で「いのち輝ける未来」に向けて地道な筋の通った活動を持続している地元共催者や、基調講演者である国連特別顧問のラシミ博士に対して、地元の方ではないかもしれませんが、事実を知り、触れようとすることなく、理解や共創の視点を持とうとせず、頭から否定したり、弾劾したりすることが目的でもあるかのような毒のある言葉が向けられていたことです。宇野タオルさんがサミットを記念し、真心で非売品の記念のタオルを無償で制作して下さったものを、その趣旨を取り違え、中傷する20代の方がいました。

　これは、この方に限らず、ご自身の視点やその団体などに見えている範囲内だけから、実質も事実も取り違えて、売名や実績づくりや功名や癒着のレッテルを貼ることは、個人、NPO法人、国連という組織に向けてまであることです。これは、本当にこわいことです。事実確認をせず、直接、そのことについて当事者に確認もすることなく、自身の視野や立場からつくられた見解を公式見解のようにして風評の元を公的な場で広げてゆく場合もあります。歴史の改竄とは、このように行われてきたのかと経験することも珍しくはありません。ケースによっては、そのよう

な実態になっている場合も多々あることは、認識しています。それでも
泥試合を増幅することは、本質的に有効とは考えていません。

　コロナ下で開催されたオリンピック、パラリンピックの開催について
もその主催者に向けて様々な意見が発せられ、評価されています。この
場合は、事実も相分に入っているとは思います。つまり、要となるのは、
事実確認と主旨の取り違えかないかということです。何らかの取り違え
を起こすような精度での社会的な活動は、思いや趣旨とは真逆の現象を
引き起こすことがあまりにも多くあることをわたしたちは、肝に命じて
ゆきたいものです。

　博士の活動を頭から否定するような言葉も、わたしは訳してお伝えし
ましたが、その内容に対する博士の姿勢が極めて、丁重で、誠意に満ち
た応答であったことが印象深く残っています。紛争解決の仲介や対立す
る意見をまとめることも常なる役務といえる国連の最前線の方の力量を
垣間見たように思いました。見方によっては失礼を通り越したような一
人の青年の理不尽な決めつけ、それに対して、腰を低くし、慈しみのこ
もった眼差しで、「どういうことなのでしょうか」と真摯に対話をしよう
とする姿勢。それが、日常のものとなっていなければとてもあの場で、
あのような受け応えには、ならなかったと思います。

　現場で精根を尽くした日々の活動をする世界中のNGOと共創していた
人ならではの姿でした。

　平等や公平、あるいは慈愛を掲げて活動をしていると自負している人
たちの中に、話し合うための基本的な姿勢や相手が負っている責任の所
在についての認識が欠如している場合があるのもよくあることです。勢
力の綱引きのような背景がありながら現状を捉え、そこに、はまってい
る場合には、抜け出す発想すらないかもしれません。UNIVER-CITIES

の共創活動は、何よりも旧世代からの理不尽な遺産を背負わせることなく、国内外の現場で伸び伸びとした共創を次世代・未来世代が楽しみ、学び、仕事を行う者としての技量を養ってゆく内外環境を整備することにあります。それには、制度で区割りされた「学校」や「町」を超え、だれもが学び、働き、人間として成長し、楽しみを創発してゆける地域や地球社会の共創のキーともなれる人材の受け皿が必要です。そのためにUNIVER-CITIESがあります。

　あくまで、自分は、どのように生き、何を実行しているのかが、どこまで行っても基本であり、他者の行動を批判・断定しようとするのであれば、憶測のない事実に基づいたことであること。また、相応の規模の課題への取り組みの実例か、少なくとも着手可能な代案を自らが提示することが本筋であると思っています。そのように、現実的に筋の通った意見や批判は、稀であるように思います。「共に活路を拓く」という姿勢あってのことなら、足の引っ張り合いという泥試合に終始することはなくなるに違いありません。もっと言えば、真に事態の深刻さを認識し、解決または、人類として渦中を生き抜く覚悟に至っているのであれば、力の削ぎ合いをする間はないことに気づいているはずです。

　わたしたちは、だれでもその反射光・透過光により、その人間性や生き様を包み隠すことなどできません。凹も凸も全てが筒抜けである認識力が存在することを知った時、多くの人はどのように変化してゆくでしょうか。地球自体の現状が、環境としても人類の存続のギリギリのところに来ていることが明示されている今、わたしたちは、この地球にまぎれもなく、共に存在することをどのように「いのち輝く明るい未来」への変容の意識ある働き手として協力し合ってゆくことができるでしょうか。

　いまばりサミットは、地元の方のご厚意で、踊り入り、飲食なしの小規模の交流会も行われ、地元自治体と市民のご協力をいただいた、ピー

エーエフ主催サミットの意義を留めることができました。

　ここで、明記しておきますと、わたし自身は、国連の活動には限界があると思っています。それと同時に渾身の力を振り絞って、地球規模の膨大な課題に取り組んでいる活動は、現実的に必要であり、貴重であると思っています。NGO活動などが集積する機会を創出し、国家にも影響を与えることができる国際的な機関でもあります。

　資金源に影響を受け、対症療法的でもあることは否めません。巨大な組織であれば、避けがたいことですが、給与をもらって平和のためなどに働くという構図は、わたしにはしっくりしていません。ただ、人新世と名づけられるほど、自然界との調和がまったくとれていない人類が過去からなし得た最大の努力の結集と思っています。そのため、わたしたちは、NPOという形態で、全員が無償で共創するだけでなく、運営のための寄付も別途、それぞれが働いた収入の中から、可能な人が主体的に行うという運営方法での活動を発起し、今日まで小規模ではあっても広範囲の活動を継続しています。他の機関やNGOとのリンクやコオペレーションは、自生的に広がっています。

　日本からの活動であれば、工夫をして働き、自らの生活は、自活する何らかの方途を産み出し、持続した上で、無限の可能性の実現に向けてのそれぞれのできうることをし尽くして共創してゆく仕組みが、真の意味での「持続可能性」への現時点での一歩であると思っています。

　NPO法人 000 PAF GLOBAL UNIVER-CITY（GU）の運営は、法人としての共創を育てる人たち自体が、主体的にNPO法人の会員として登録し、会費を支払い、必要に応じて有志などが少額の寄付金を出して運営しています。使途は、あらゆるレベルの合意に基づくことを基本としています。NPO「000ピーエーエフ」も、すべて手弁当で活動を続けてい

ます。

　現状は、武器や権力を乱用した暴力行為が、人々の暮らしを破壊しているため、また、飢餓や感染病に直面してもいるため、早急に食料や物資、医療を含む支援のためにお金も必要とされます。個人としても法人としても可能な限りの支援をしてゆくことは、同時にできることであり、意識を向け続けることを大切にしています。

　わたしたちの事業の最大の特徴は、人間が外に引き起こしている世界の難局を越えることは、わたしたち一人一人の内側の大変換がなくては、真に始まることも、持続可能なこともないことを認識していることです。その意味で、「ゼロポイント・コオペレーション」を基本として共創しています。

　人間は、あまりにも巧妙に、外へのアピールと、実際に引き起こしていることとの乖離を隠すことをしてきました。また、無自覚でも、自らの世界観、宇宙観に代表される個人的な意識フィールドを世界や宇宙自体であると錯覚もしてきました。社会についても、我見に近いもので縁取り、それを他者に強要する仕組みまで作っています。もちろん、わたしを含め、だれもが個の特性の影響を受け、そこから人生を表現してもいます。それを同時に生きながら、「底抜け」を通じて、ゼロポイントでフィールドワークを行い、「フィールドシップ」を活かし、生き方の刷新の響き合いによる、この社会・世界の変化や変換を現場で共に体験してゆきたいと思っています。

　人間は、周りの人より、高くあることも低くあることも不要と思います。人間として他者のライフワークの支えともなっている方々は、下支えを基本としているといえます。高次という見方や考え方もある意味、局所的な捉え方といえるようです。すべては、一つとして存在しており、それはまた、無限のポテンシャルの生成している現象であるといえます。

現代物理学の一部の表現からすると、「リアルは、リアルという主観的な体験であり、意識の有り様である」からです。マルチバースという捉え方も、たくさんの異なったユニバースを含めて、「すべてで一つ」であると素直に思っています。

　相手を貶めることで何かを守ったり、何かの達成に近づいたりするとの錯覚があるとしたら、その発想自体が、人間社会がど壺から抜け出せない要因を長引かせているといえます。どのような振動域を個としても事業体としても有しているか、それでありながら、ゼロポイントで働き合うことができるかが、人間の多元的な可能性にとっての究極ともいえる命題でもあり、生活スキルであると認識しています。ここでのゼロとは、既成概念に属するものではなく、何もないという意味ではありません。すべてが働き合っていながら、ゼロポイントの場に同時に在る状態を指します。

　今でこそ、ブランドとしての今治タオルは、全国に知られています。作物に対しての農薬と同じように、かつては、タオルの生産にもたくさんの種類の化学薬品が使われていました。中でも最も身体によくないと考えられているものは蛍光増白剤であるとのことです。

　忘れられないのは、地方の不祝儀のお返しにいただいたタオルが、本当にペンキで固めたようなコチコチの状態であったのを経験した時のショックです。最近まで、「タオルとはこんなものだ」というふうにされてきました。それでいて、産業としては斜陽で今治も大変な状況でした。そんな中でも、他と同じようには化学薬品を極力使用せずに製造した先駆的なタオルは、なかなか問屋さんから流通していただくのが難しい時期もあったようです。

　そのような時期に巡り合っていた宇野タオルさん。神戸でのサミットにご参加されると同時に、長年あたためていたレインボータオルの商品

化も実現され、わたしを含め、今日まで多くの皆さんに愛用されています。かつて、国内外の移動が多かった頃、枕カバーとして常に携帯していたのは、それだけで'Home'、変わらぬ居心地の良い日常を保つことができたからです。

　今治には、ずっと市会議員さんや市長さんを含め、ご縁をいただいてきました。自ら有機の畑を耕す議員さんたちと、開発地域の工事現場で、共に今治の明るい未来を深く願ったことは、何にも代えがたい、立場を超えた人間としての未来への願いと原点の共有でもありました。市には、「EVHAへのシフト」というシリーズもののアートを寄贈させていただいてもいます。芸予地震の際は、ちょうど現地で個展を開催していたことから、ささやかな寄付もさせていただくことができました。サッカーや、サイクリング、そしてタオルで、日が昇ったかのように、今治の交流人口や産業が活性化する今日を20年前は、想像もできませんでした。皆さんの明日を明るくしようとの力の賜物であると思います。

　もちろん地元での課題は、どこでもずっと続き、そこに住む人たちの持続的な共創は欠かせないことは言うまでもありません。獣医学部新設の経緯が、不透明極まりないものであったことは、未だに解消されてはいず、今治を愛する一人としては、大変残念なことでした。

　宇野タオルさんのロゴは、前千年紀に会社として出させていただきました。工場の外壁のアートも描かせていただいています。また、「ほほえみタオル」のアートデザインもさせていただきました。「いまばりのタオル」という名称は、宇野タオルさんが使用されてきた名称です。今治タオルのブランド化の企画が始まった時、関係者から商標登録についての打診があった際、宇野タオルさんは、「今治のためになるなら、もちろんどうぞ」と快諾されたとのことです。

　そんなわけで、かつては、地元の大きなホテルで使用するタオルにも、

悲しい思いをしていたのが、近年、宿泊したビジネスホテルではフカフカの優しいフェイスタオルになっていたのを経験した時の感動と、嬉し涙は、本当にひとしおでした。

　宇野タオルさんは、ずっとピースルームの活動も持続されています。元々、主体的に健康や食、環境などについての勉強会を地元で数十年にわたり主宰されて来られた方々です。

　今治にとって、とても貴重な市民活動を続けて来られ、その共創は、自然体の「ユニバー・シティ」の原点の一つともいえます。「ユニバー・シティ　イマバリ」です。

　わたしが想いを馳せるのは、その本質的な後継の方々が現れ、新しい時代にもその源流が途絶えないでいるだろうかということです。本著で、宇野タオルさんについて触れさせていただいたのも、今治のタオル史において忘れてはならない事業者の方であると思っているからです。本質とは逆流の時代に人々の健康を願い、守り続けたその深い志と自然の仕組みにアライメントしたライフワークの水流が埋もれることなくモノづくりの基本姿勢として後世の範となってゆくことを望んでいます。そのような地元の縁の下の働きをされてきた方々を忘れ、発展ばかりに目をやる文化には、危機感をもっているからでもありますAI（人工知能）が遥かに及ばない働きを人間はすることができます。

　その意味で、実際は様々な事情を経ていると思いますが、伊豆大島発のシオづくりの現代史にも通ずるものがあります。ちなみに、宇野さんの奥様は、奇跡のリンゴで有名になった木村秋則さんの奥様とも交流があると伺っています。お裾分けいただいたリンゴは、さらにお裾分けさせていただき、あまりの貴重さにその種から育てられた数本の若木が、大島の「和の里」の庭で少しずつ元気に育ち、新しい大地の上でも、生

き続けようとしています。

9．道半ばで逝った方々の志の彼方へ

　1992○にブラジルのリオデジャネイロで開催された地球サミット「国連環境開発会議」後、リオ＋10とも呼ばれるヨハネスブルク・サミット「持続可能な開発に関する世界サミット」が、2002○に南アフリカで開催されました。

　この大会には、ラシミ博士は、全てをかけて取り組んでいました。わたしも、NPOとして参加する予定でした。参加NGOは皆、小冊子を用意して配布しているとのことで、「世界の問題がそれを読めば解決するような小冊子を準備してほしい」という大難題を与えられ、とてつもない課題のソリューションに向け、既存のパラダイムからの内容ではないハンドブックを準備してもいました。現在もそうですが、その時の世界のNGOなどの渾身の取り組みには、たぎるような熱と心血が注がれていました。

　ところで、長年、プレナムプラネットという共創事業で学ばれてきた方には、イントロダクション的な研修も行っていますが、加速学習法に端を発する探究を重ねる中で、ものごとを進めるにあたっての基本的なスキルとして、「フィールドへの確認」という方法をわたし、及び、現在のプレナムとして常にずっと行っています。

　例えば、何か企画を立てる時も、様々な可能性の中から、「今、生まれる必要のあるもの」をゼロポイントフィールドと呼んでいる無限の可能性から確認し、具象化するような方法です。意識的な技術であり、ソフトテクノロジーであるともいえますが、自分の頭の中で判断するのでは

なく、フィールドとの意識的なコオペレーション作業による抽出やサーチが基本となります。例えば、海外出張に出かける時なども、時期、現地状況、有効性などを総合的に設定し、GOか否かを確認する作業です。超能力的な予知というよりは、意識的に設定した上でフィールド全体に確認することにより、フィールドからの反応により適否を識別することも含む方法です。ヨハネスブルク・サミットの時点では、既にスキルとしては確立していましたので、自分自身が行く方向性について確認してみました。

　すると明確に、NOでした。わたしが行くべきではないという断固とした反応でした。というよりは、わたしが現地に行っている状態のサミットは存在しないと言った方がより近いかもしれません。このような方法は、世界の識者の中にも、実用的なスキルとして使用している人がいるのを知っています。人間としての時空の航海術の基本とでもいえるものであるため、理性的な判断として、わたしは、ラシミ博士に、自分は行かないことを伝えました。それも覚悟のいる決断でした。

　ところが、問題は、わたし自身のことに留まりませんでした。博士とのコミュニケーションをとっているうちに、フィールドから伝わってくるものがあり、意識的に確認すると、何と博士自身も「行ってはならない」とはっきりと伝わってくるのです。壁のようになっており、その先がない状態です。他の案件について、それまでに似たような確認状況であった際は、やはり、文字通りその先がない状況となりました。

　あまりにも明確な反応であるので、不確実性は、ないのですが、それは、主観的といえば、それきりの、既存の科学性を何も伴わないことであると見られても仕方がありません。

　それでも、そのような時、知らぬふりをすることができるでしょうか。

とはいえ、相手は、国連特別顧問。主催者の中心として、世界中に呼びかけ、全力で成功を目指している張本人です。そのサミットに出席しない方がいいとは、どう考えても口に出すこともできないことです。

　それでも、わたしは、ラシミ博士には、生命の底からの信頼をいただいていたこともあったため、常識外れも、到底無理も超えて、伝えました。「あなたも、行かない方がいい」と。一瞬言葉を失ったような反応でしたが、そのことについては、直接、触れず、それをそのまま受け取った上で、一人で邁進を続けていかれました。

　そして起こったこと。南アフリカのヨハネスブルク・サミット開催中に、博士は倒れ、そのまま入院となり、ニューヨークの病院で2年くらいに及び、治療を続けておられましたが、ついに、そのまま帰らぬ人となりました。

（注：これは予測や予知などとは異なります。超能力やスピリチャルな能力ではありません。精度の高い、意識的な知覚確認スキルです。また、当人の日常的なスキルであり、それ以外の目的での使用は対象外です。また、強制的な状況下では適用不可です。）

　地球は自分には、小さいと言っていたくらいの人が、自身の知る方法の最大限のベストを越えて生命を捧げきり、道半ばにして世を去りました。

　わたしの周りには、人間社会の未来を深く懸念し、自ら選んだ方法で命を燃やし尽くすような生き方をして、早逝した人たちが何人かいます。強い肉体をもっていた方々が、その肉体を極限まで酷使し、短命となられました。わたしとはまったく異質な生き方ですが、地球社会の未来を思う気持ちは一致しており、共創をさせていただきました。今でも、その共創のもたらしたものは、生き続けています。

　その一人は、「いい世が来る」ことを望み、「いい、よさこい」とこの世の三無「無気力、無感動、無責任」を正すことを掲げ、「IZANAI連」を率いて大地を舞台とした渾身の踊りで、国内外に旋風を起こした國友須賀さんです。「よさこい」は、「今晩いらっしゃい」という解釈が一般的とのことですが、いい世の中となることを願い、その思いを踊りと重ねて、活動している方々が全国にいらっしゃいます。

　高知のよさこい踊りは、その起ち上げ自体に既に地元、土佐からの勃興力があったことが学べます。不況を吹き飛ばし、市民の健康と繁栄を願い、商業の振興を願って地元商工会議所が中心になって、バージョンアップして起こしたとのことですから、今の時代にもピッタリです。最初から、永続発展を目指した奮起があったということからは、いかに事起こしの際の初志の深さと長期的視座が大切であるかを知ることができます。第二次世界大戦後、もとは、座敷踊りであったものを振り付け直し、イノベーションに次ぐイノベーションの連続で今日、全国の多世代に愛される、踊りによる「生きる力」起こしとしてどの地でも、とても身近で愛される、生きた芸術になっています。

　北海道の学生が、地元で「よさこいソーラン祭り」を起こして、一世を風靡しましたが、経済性やイベント性だけではない「祭り」の趣旨の維持があって初めて後世に残るものになってゆくように思います。その意味では、「祭り」の原点の掘り下げに徹していた須賀さんの働きぶりは、枠におさまらず、理解されにくいこともあったかもしれませんが、激しいまでに趣旨は、明確でした。

「みなさまの　おかげさま。
　ありがとう。
　ありがとう。

　たくさんの　ありがとう。」
　　　　　　國友 須賀

という直筆の言葉は、額に入れて、今も玄関に置かせていただいています。

　その須賀さんのことを直接、知ったのは、世界未来学会の会場で同時開催された国連のミレニアムプロジェクトのセッションの場でした。わたしと同じハワイのマウイ島に住む方と出合い、その方が須賀さんのマウイでの活動のサポートもされていたのです。マウイと日本を行き来して、全国に「魂の炎を燃やせ！」と若者たちと渦を巻き起こしていました。
「わたしは、同志がほしいんです。わたしには時間がないんです」と出合いの最初から言われていました。須賀さんとIZANAI連の方々とは、全国各地の祭りでご一緒しました。殊に、「五大元素」のテーマを提案させていただき、全国各地の「連」がそれぞれ地・水・火・風・空をテーマに踊りの共創の渦を巻き起こした際は、須賀さんの時代の黄金期であったように思います。「アマテル」のエネルギーインフォメーション（EI）も伝えさせていただき、日本の伝統文化の奥から開く取り組みもありました。
「一つになる」とかワンネスという呼びかけがありますが、あらゆる生命体は、既に一つのフィールドで生を受けています。わたしたちは、「底抜け」になれば、だれでもそこを体感し、表現するようになって不思議ではありません。それは、上げ底も、演ずることも通用する場ではなく、ただ、「そうであるか」だけのことといえそうです。
　2007○、マウイ島では、UA NOAの祭りを、現地のクムフラ（フラの師）の協力もあり、サンフランシスコのPAFのエンターテイナーも交

え、NPO有志とIZANAIの方たちとで共創しました。雨も降りましたが、その後の虹は、参加した皆にとってのギフトとなりました。この開催では、それぞれにプロとしてのイベント主催経験が豊富な個性ある人たちが、共創することの難易度が高いことも経験しました。感情の自己マネジメント力は、基礎であることも明らかとなりました。それでも、この実施は、今日までGUの運営モデルともなっているコオペレーションモデル「BE」を構成する6つの学びと作用のうちの一つである「UANOA」のプラネタリィな発動を現実化する機会となりました。

ハワイでは、ホノルル・フェスティバルという25年続く国際的な大規模な催しが毎年3月に開催されています。その起ち上げの第1回から亡くなる年まで、須賀さんは、須賀連の若者たちを引き連れて、「愛と信頼」を基調とした異民族の文化交流のど真ん中で、平和の興隆を願ってフェスティバルを盛り上げていました。現地スタッフが足りなかった時は、わたしもあの衣装を身につけ、特徴的な化粧をし、山車の上に乗って、掛け声をかけもしました。

日本では、殊に、NPO 000 PAF GUとしても実行委員会に加わり、共催した、東京都代々木公園での2009○、2010○の大規模なIZANAI総踊り祭は、真逆なまでにタイプの違う二つの事業活動が協力をして実現したものでした。もちろん、祭りの裏舞台はすべて分かち合い、表舞台は、IZANAIさんたちによるものでした。合間に、超スローな身体表現であるGUの「FIELDSHIP20」を、ベンチに着席をしていた高齢の観客の方々も含めて行うことができたのは、貴重なひとコマでした。

この流れがきっかけとなり、千葉県の旭市に、須賀さんは、関東スタジオを開設しました。身体の不調が顕在化していましたが、「私たちは、逃げませんから。」と明言し、命ある限り、その通り、一歩も退かない生き様でした。

　2011○3○11○の東日本大震災は、わたしたちはホノルルで経験しました。現地でも津波を警戒した避難がありました。須賀さんは、その時、既に末期癌で痩せ細っていましたが、壮絶なまでの気迫で、須賀連の煽りをしていました。わたしと眼を合わせ、「眞由美さん、日本が……!!」と悲痛極まりない、眼が爛々とした形相で、身体を震わせて耐えていました。

　ホノルルのストリートでは、超絶ウクレレ奏者として、日本でも活躍するジェイク・シマブクロさんが、先祖が福島出身ということで、地震・津波・原発の崩壊と何重もの災禍にある日本への寄付金の呼びかけを心を込めて行っていました。須賀さんは、自分は、絶食し、ガリガリの身体でありながら、旭の避難所の方たちの食事の炊き出しの手配を、亡くなる直前に入院するまで、ずっと真心を込めて続けていました。ありえないような生き様を最後まで貫いた人です。須賀さんの信条のままに。

　わたしたちは、代々木公園での総踊り祭に参加していた「遊舞炎舞」という踊りのチームを縁として、NPOとして、今日までずっと福島の方たちとの交流を続けさせていただいています。心ばかりですが、手づくりの味噌や醤油を毎年贈らせていただいています。須賀さんの遺志を繋ぐ方たちの末永いご活躍と生命の輝きを祈ります。

　2007○、『レヒーナ』（ナチュラルスピリット刊）という上下2巻本の原著者アントニオ・ベラスコ・ピーニャ氏と、『Rainbow Nation Without Borders: Toward an Ecotopian Millennium』（『境界なき虹の国：地球環境に優しい理想郷主義者たちの千年期へ』邦訳未刊）の著者のアルベルト・ルス・ブエンフィル氏たち一行が来日しました。銀座での講演会、静岡・京都を経由し、大阪での公演会、香川での大きな交流会と全行程を共にしました。メキシコ発の地球社会の共創の虹の橋を日本に架けて留めてくださいました。

2008〇『レヒーナ』を原作としたミュージカル『Cosmic Love Regina』が、日本全国全8公演が上演されました。「Rainbow Children Project」と共に、國友須賀さんが心血を注いだ、代表的な舞台作品となりました。わたしは、現地メキシコでのレヒーナのミュージカルを観ています。当然ながら、舞台内容は、まったく異なりました。演ずる方たち自体が、地球社会の共創に公も私もなくコミットメントしている人たちであるという点では、日本での上演は、類い稀なことであったといえると思います。

生きる叡智を失いがちであった現代社会にも、生命の輝きの発露は、文化を超えて伝わることを証明してくれたのでした。

もう一人、忘れ去られることのないよう、触れておきたい人がいます。須賀さんの旅発ち後、間もなく、突然発病し、急逝された、千葉県のくりもと地球村の開拓者、佐藤文彦さんです。有機農業の社会的認知がまだ、非常に遠かった時期に、有機農業で生活が成り立つことを示すモデルとなり、農家さんにも受け入れられてゆくよう志し、大分から移住して来られた方でした。

佐藤文彦さんは、元地元の農協の職員でしたが、赤峰勝人さんとの出合いの縁で、関東で有機農業を基礎とした「どのようないのちも大切にされる地球文化」交流の場として「くりもと地球村」を発起していました。赤峰さんは、今は地元の臼杵市がユネスコ食文化創造都市を目指すくらい、醸造、発酵産業と環境保全型農業・水産業、質素倹約の文化を中心としたブランド力を高め、日本で唯一、市が草木等を発酵させた完熟堆肥を生産し、生命力のある土づくり環境を整備する背景の多大な原動力となっている循環農法の実践者です。

また、「なずな」の花言葉のままに、これからの時代の基調となる「見

返りを求めず与え続ける愛」の提唱・実践者です。愛を語り、行うには、様々な現象を通じての自然の仕組みとのアライメントの学びがありますが、誠実に実践を続けられている方です。2000○の神戸で、GUの協力のもとピーエーエフが主催した世界市民サミットには、日本代表として赤峰勝人さんに登壇していただいていました。

　真冬でも、ラグビーのオレンジの半袖のユニホームを来て、早朝から点在する畑を飛び回り、生き物を愛おしみながら、力強く、畑を地球共生社会の現場としていた佐藤文彦さん。地球大学のNPO法人化の際の、理事の一人でもありましたが、地球の未来の共創を目指し、生涯学習や社会教育を主活動とするのであれば、「有機農業を外すことはありえない！」と断固として訴え、わたしたちの共創の学びを本物に鍛えてくれました。都市生活者の多かったNPO会員さんたちと共に、しばしば、くりもと地球村に行き、泊まりがけで企画を実施し、交流をさせていただきました。

　分断や対立や、武力の脅威が増す世界情勢に、「丸腰」のファーマーとして、鍬で地球と共に応えて行くんだ、世界のグリーンファーマーこそが平和や共生への要なんだ、という自負をもっていました。例え、畑を離れてあちらこちらに出かけてゆくことはあまりできなくても、畑というフィールドに、宇宙の営みや、地球で起きていることはすべて映し出されると、完全無農薬・無化学肥料を続け、後年は、木村秋則さんにも学び、自然循環農法と完全露地栽培をしていました。

　畑の日当たりの妨げになっていた植林された杉を地主さんの許可をもらって自分たちで伐採し、設計図や予算もないところから、協力を得て、大変な重労働を重ね、人力で文字通りオーガニックに建て上げたのが、複合施設のオーガニックピース館です。

　GUの活動を通じて接点のあった國友須賀さんが早逝され、自分も「こ

のままでは、あんなやつもいたなあ」っていうだけで終わってしまうからと、研修プログラムの活性化を共にしようとされていました。様々な経緯などをそれまで口にしたことはありませんでしたが、うやむやになり、分からなくなってしまうのを避けるために、聞いておいてほしいと、そのために東京駅で待ち合わせ、地図で示しながら、畑や自宅周辺の土地の事情についてわたしに伝えました。オーガニックピース館の下の土地の費用は、すべて支払い終えていると。ただ、地主さんが、根抵当に入れて借り入れを起こしているため、登記ができないだけになっていると。金額も聞いていますが、それは、口頭でのこと。現在は、新しい所有者への移行期かと思いますが、くりもとファームの趣旨が、肥やしになってゆくことを願います。

　今では、わたしたちのNPOの会員さんたちも当時とはまったく異なり、ほとんどの人が、自宅や実家の畑や近所で、野菜や果樹など何らかのものを多少なりとも蒔き、植えて、大地に近いところで暮らしています。それは、くりもと地球村の存在のおかげです。佐藤さんの剛直な面を含み、わたし自身、骨太にならざるを得ない生命の学びを経ることができました。

　創流していた華道の企画で、先頃、1964○以来の長い歴史に幕を引いた、建替え前の東京パレスホテルのフランス料理レストラン「クラウン」を貸し切り、会場全体に花を活け、オリジナルの祝賀会を開催したことがあります。その時のスタッフの方たちとのさりげない交流も心に沁みるものでした。初めてのケースということでしたが、交渉をし、野菜は、すべてくりもと地球村のオーガニック野菜を使用していただきました。中でも、春菊のムースの絶品であったこと。農場でいただいた人参ジュースや人参の葉っぱの天ぷらと共に、永遠の味です。

　当日、シェフが挨拶に来てくれましたが、やはり、有機野菜の味は、違うとのことでした。レストランの食材は、普段選ぶことができないのか聞いてみたところ、指定されていて、選ぶことはできないとのことでした。何とまあ残念なことでしょう。ホテルのレストランもそれぞれシステムが違うと思いますので、一概にはいえませんが、シェフであれば、食材から厳選したいのが本当のところではないでしょうか。パティシエさんも、張り切って、チョコレートオブジェも製作してくれており、やりがいをもって一丸となって迎えてくださったのがよくわかりました。環境が変化し、職場が違っても皆さんのもてなしの心と腕が生きていますように。

　くりもと地球村は、成田国際空港に近いため、佐藤さんとも海外からの帰国の後や、世界市民サミットの一行の宿泊と地元の方との交流会、メキシコ一行の歓迎他、様々な企画を共創しました。その一つに参加して、その後の人生が蘇った人も、消えない絆を感じて暮らしている人たちもいます。プレナムドームという建物を寄贈し、「UNIVER-CITY KURIMOTO」としても日本の玄関となっていましたが、2020○に、ドームは更地に戻し、円満に一つの区切りを完了することができました。その後もファームとしては引き継がれ、他のNPO法人の活動は、継続されているようです。

　そう、佐藤さんとは、佐藤さんの車で、千葉からラシミ博士と共に、南下し、兵庫での地元の方との対話を経て、いまばりサミット入りをしたのでした。

　ここに、一つの事実を書いておくことにします。この世の中、こんな話があったということはゴマンとあり、何らかの賞についても、実現しなければ、夢物語でしかありません。

　また、わたしは、受賞は望んでいません。何らかの批判が起きる可能

78

性は、認識しながらも、ラシミ博士を通じての天地の采配の本質は有効であり、ラシミ博士への感謝と追悼も込めて記すことにします。

　ラシミ博士（英語的には、マユール博士が正しいのですが、日本では皆このように呼んでいたため、失礼します）とは、出合いから入院まで、３年という短い間の共創でしたが、とても密度の濃いものでした。グジャラート地震についても、できる限りのことはさせていただきました。

　そんなある日、博士にこう言われました。「今度、インドのノーベル賞に匹敵する『アショカ賞』を新設することになった。それを貴女は、受賞することになる」と。それは、仏教者であれば、大変な意味を持つ賞ともいえます。

　アショカ王は、インドの釈尊滅後、100年くらいの時に現れたマウリヤ朝第3代の王であり、当初は、残虐な大量虐殺を行うなどの非道を働きましたが、その後、深く仏教に帰依し、深い悔いと反省を石柱に彫って残すまでしています。インド全土を統一し、暴力を放棄し、歴史上最も寛容な善政をしいたことで知られています。ダルマはすべての宗教の教義と矛盾せず、仏教だけの教義ではないことを明示しました。バラモン教、ジャイナ教など他宗教も対等に位置づけ、尊重し、殺生を禁じ、徳や心の清浄を賞し、グローバルな開かれた思考で環境政策・福祉政策も進めました。

　この話が実際、進められていたのは、博士にこう確認されたことで事実であることがわかりました。それは、わたしの生い立ちについての実際の確認があったからです。

「日本にも、CIAと同じように、国の情報機関があるんだ。そこで、あなたがある宗教に関係しているということで、内々に、その賞は授与しないようにと、日本の政府筋からの申し入れが入っているのだが、実際どうなのか」と。

　博士は、わたしの家族背景まで知っているわけではありませんから、それが事実であることは明らかでした。当時の政治的背景からはそれが起きても不思議ではありません。具体名や、国連の中でも一部の日本からの災害地域での布教活動が人道的にも問題視されているということも聞きました。

　いずれにしても、わたしからの答えは、明白でした。博士も納得されていましたので、そのことが要因で、予定が頓挫したのではなく、博士が倒れたことと、やがて、インドの政権自体が移行したことにより、実現されなかったように思います。

　ただ、国際的に心を通わせ、実際に顕彰しようとしてくれた国があったことはありがたかったです。賞は、名誉というよりも重責が増すだけと思います。実際、目に見えるような形での功績をわたしは、とても十分には、残していません。一つの意向として、受けとらせていただくだけで充分です。

　博士とインド、ありがとうございました。

第 二 部

第一章　未知の拓き方

1．未知の真ん中で

　コロナの広がりは、世界のだれにも、これまでの延長ではない今日と明日の体験をもたらしています。過去を取り戻そうとする人、何とか生き切ろうとする人、新しい未来を創ろうとする人、限界を超えた治療や看護にすべてを捧げて下さっている人、忍の一字の生活を続ける人、今、生きている豊かさを巡らそうとする人……

　だれもが未知を拓いてゆく状況に在ると思います。ただ、実際にそうしてゆく人は、どれほどいるかは、わかりません。既に、慣れ親しんでいることの範囲でモノを見たり、考えたり、やってみようとすることを、そうだと捉える人も多いかもしれません。

　ここから、わたしがどのように「未知を拓いているか」について、記していきたいと思います。人類としての生命の危機であることを四半世紀以上前に自覚して以来、ずっと実行しながら準備してきた方法です。

　先ず初めに、
・ハードテクノロジーによる方法
・既存知に基づく方法
・枠組みや条件を限定しての方法
には、比重をおいていません。もちろん、その恩恵は受けていますし、それが生活の基礎になり、ある種のルーティンが自動化していることもありますが、ライフワークとしての作業は、まったく別の方法をとって

います。

　また、今、世の主軸と見做される産業界が全傾斜しているAI、DX、IoT、ビッグデータなどを駆使する方法は、とりませんし、とれません。これらの影響を侮るわけではありませんが、それらを進捗させる方向を歩むのは、いわゆる巨大資本を投入できるグローバル企業に限られてゆくと思いますし、その発展の先に、「持続可能な人類の明るい未来」というより、地球上の多様な生物の存続の着地が「間に合う」とは思っていません。

　その意味で、別のアプローチ方法が提示されなければ、地球環境の変化と現代文明の大波に多くの人が呑み込まれるだけになってしまうとの認識があります。もっとも、それはわたしだけではなく、全世界的なローカライゼーションやエコビレッジの連携、SDGsの取り組み、Z世代の方たちの台頭など、「生命感覚」をコアに据えた人は、「今、自分にできるベスト」を日々、積み重ねていらっしゃることだと思います。

　ただ、まだ、共有的に扱われていない方法もあります。それは、古いパラダイムの中では、一般的なアプローチとしては、採られていなかった方法です。その要点の紹介を本著でしておきたいと思います。ご自身にとって、またご自身のライフワークにとって、自然に共感や導入が始まる方々には、適用していただければと思いますし、雲をつかむような話と思えたり、ご自身の選択の対象外であると思われたりする方には、無視していただければと思います。

　主体的に生きることが可能な人は、だれもが、「このことに」と思い、生きるエネルギーを注いでいるかと思います。わたしだったら、ということですが、日本国内にも世界にも、食事にも事欠く子どもたちがあまりにも多い現況で、話し相手などになるロボットを月数万円でレンタル

するようなサービスの技術開発に注力しようとは思えません。もちろん、それで孤独が癒やされたり、手助けされたりして助かる方もいらっしゃるでしょうし、長期入院中の児童が、教室に出てみんなと一緒に参加しているような喜びの体験もあることは承知しています。

　経済と開発ありきで、二次的に福祉的な用途や、人力不足を補う場面を探す順序になっているケースも多いように思えています。マッチングや相性ともいい、農業分野での応用など、事業化に役立つ側面もあると思います。そうであれば、なおさら、比喩的な言い方になりますが、人間自身の「飛ぶ力」、「開く力」、「変わる力」、「意識する力」、「楽しむ力」が活かされる、「人間ならではの創り方」が社会化されていく必要があると思います。それが「生きがい」や「歓び」が甦った、「生命輝く地域・地球社会」の共創の補完ともなってゆくと思います。

　いくら技術が発達し科学が発達しても、高学歴者が増え大企業が増えても、生きにくさがますます増し、引きこもりも自死も減っていない社会。豊かさや安心の求め方のはき違いと合法的な格差、人間自体の置き去りの上に突き進んできたことで、現状があるとするなら、職種や経歴、枝葉の違いに左右されない、生命の根っこあるいは、地球の奥深くからの生命の滋養を共有するライフワーカーたちが自ずと連携してゆくことは、生命の一員としてのわたしたちの蘇生力の表れそのものでもあるといえます。

２．だれもが未知のパイオニア

　未知のものごとから何ごとかを見極め、導き出そうとする取り組みは、地球に存在することを体験しているわたしたち人間にとって、自然であり、本質的な動因にもなりうる峻厳性を要することであると思います。

　ただ、「学習する」ことの多くが形式化し、人工的に既定された知識や技術の体系の一部の覚え込み作業で終始することが多く、また、近年は、ゲームやSNSを含むスマホ内の世界とのやりとりに多くの生活エネルギーも費やされることにより、自ら未知を認識し、探究することは、発想の上にものぼりづらくなっています。

　社会で共存する上で、共通言語や、交通ルール、生活技術や、社会の仕組みの基礎を身につけることは、必要ですが、試験が終わったり、卒業したりした後、すっかり忘れてしまうような学びにしてしまうなら、もったいないことだと思います。人生に生かされたり、長期的に貯蔵したりしておける記憶や体験にはなっていないということです。

　別の言い方をすると、ずっと一貫して深めることができ、人生や社会に生かすことができるような学びを、見出し、「未知を拓く」ことができたら、生涯の宝となってゆくことでしょう。引きこもりのような生活の中でもインターネットやプログラミング技術を独学でマスターし世界的に貢献し、その歴史で最年少での閣僚級職務に就任し、デジタル技術を活用して、コロナ対策をリードし、人命保護に貢献したトランスジェンダーの方もいます。

　千差万別ですが、子どもたちは、親や教師が想像する以上に、自由なあるいは、場合によっては、興味関心を「特化」した内面世界をもっていると思います。もし、それが、固められたり、卑下されたり、叱責されたりするような学習環境に置かれたとしたら、人間であるのに、「盆栽」のような目に合っているといえると思います。

　わたしの場合は、3歳くらいの時から、両親を含めた大人の感情的な振る舞いを課題としてもいました。なぜ、大人は、子どもである自分たちに実際言ったことと、親に報告する内容が違うのだろうとも思っていました。語彙もあまりないのに、何となく、いつも物思いに耽っているよ

うなところがあり、親戚に「静かだけど、いったい何しているんだい。」と聞かれて、言葉足らずに説明し、「ああ、そうか。『想像』しているんだね。」と言われ、その時、初めて『想像』という言葉を知ったことを鮮明に覚えています。でも、その時わたしは、それは、『想像』ではないこともわかっていました。今なら、あえて言えば、『沈思黙考』であったと思います。もしかしたら、『哲学』というかもしれません。それは、言葉にもなる以前の「形而上」的な思考的作業でした。

　基本的に読書好きな物静かな子どもで、取り立てて意欲的に何か先頭に立ってするような子どもではありませんでしたが、「未知を拓く」方向への初歩的な「思考実験」を一度、意識的に行ったのは、原点になっています。たわいもないことのようですが、子ども時代も今も、本質的には、一貫したわたし自身の「科学的」作業であると思います。意識する自分自身を基点に置いた作業です。

　人生歴6年の時点の、身体があまり丈夫ではない女の子の内側での自問自答です。その日は、小学校に入って初めての遠足でした。あまり、遊びに出かける家庭ではなかったので、その日のわたしは、楽しいと思っていました。朝、歩いて砂利道を歩き、もうすぐ遊園地に着き、お弁当を食べる。その途中の休憩で、一人で砂利と植栽ゾーンの境界のコンクリートのヘリに座ったのでした。帰りもその辺りで集合することになっていました。

「楽しいな。わたしは、今、楽しいと思っている。でも、この楽しさも、過ぎ去ってしまうんだな。時間って何なんだろう。どういうことなんだろう。楽しいっていう今のこの状態の自分は、変わってしまうんだろうか。ずっと変わらないことはないんだろうか。どんなふうになるんだろう。そうだ。帰りもここに戻るのだから、同じここに座って、変わらな

い時間がないか、確かめてみよう。こうやって、今を愛しんでいる自分の状態がどうなっているか確かめよう。同じ場所、同じ時間は、続かないんだろうか。よし、時間の確認の実験だ。」

「愛おしい」という言葉は、当時は、知りませんでしたが、言葉にすれば、そういうことでした。普段、特に、「時間」を取り出して意識していたわけでもなく、ただ、ずっと意識しているような感じでした。「実験」という行為にも関心はなく、今でも、「条件をコントロールし、試すことを重ねて確かめる」という意味での実験には、違和感があります。実験は、基本的にはすべて一度きりで、「実際に、現れること」自体を指すと思っています。

　そして、決めた通り、帰りにその同じ場所にすわり、行きと同じ状態の自分を意識しながら、さらに、どのように「今」を感じ、経験しているのかを確かめました。時間が経つとされる状態は、どんな変化となるのかも、黙ってそこに身を置き、一人で下の砂利を見つめ、その場の光景全体を感じながら、観じ、考察していました。ある意味、その時のその行為は、「今現在も、続いている」といえそうです。

　そう、ある一つの「未知を拓く」作業は、このようにして続けられてきたといえます。

3．多様な一人として

　小・中・高と成績というものについて、全体的に不得意なものは、あまりありませんでしたが、理科や、特に物理については、しっくり来ないという感覚をずっともっていました。でも、「知る」ことも大切です。

　太陽が地球の周りを回っていることを疑いようのない事実としていた

人たちのように、自分にとっての「見え方」や「感じ方」が実際に起きていることと違うことを知ることは、衝撃的ですらある学習であると思います。わたしたちにとっては、太陽は、東から昇り西に沈むのは、日常経験ですが、実際は、地球の自転が北極星から見て、反時計回りに回転していることによって見える光景です。座ったり、横になったりしていて「静止している」という現象しか確認できないのに、自分が移動しているのを知るのは、多視点的に思考を広げます。

東とか西とかいう捉え方自体も「ローカル」な便宜的なものであることにも考えは及びます。でも、実際の応用がある程度有効であったり、あるところまでは、理論の整合性があったりしたとしても、物理学を含む、わたしたちの現在の学問の範囲が、何らかの多元的なあるいは多宇宙の中での「ローカル」な便宜的なものであるということは、ないのでしょうか。わたしは、便宜的なものであると思います。現代科学の手法に則る発言ではありませんが、わたしの全存在性にとっては、最初からマルチバースといわれることも含めてのユニバースの経験です。それは、「肉体的な存在として」や「生命的存在として」といった領域も超えている存在経験といえます。顕在意識で及ぶ範囲を超えていますが、そのことを「知っている」という「集中性のない認識」は、「生ある」と同時にもっていたものです。

わたしは、特定の考えを主張するつもりはありません。なぜ、あえて、このようなことを記しているのかは、「子どもを教育する」ということがどれほど多様な子どもを対象とすることであるかを「箱詰め」的な教育経験に順応して教職に就いた方々には知っておいていただく必要があると思うからです。「多様性」の範囲は、これまでわたしたちが想定していた範囲を遥かに超えることの準備はできているでしょうか。それは、教育界に限らず、今後必要な「地域・地球共生社会」の共創においても同

じことがいえます。

　わたし自身にとっては、多様性のど真ん中を体験した人生の開拓的な学びは、世界未来学会や宇宙文化や国際的な経験以上に、日本の過疎地で地域起こしの一端の活動をさせていただいてきた経験の方が遥かに大きいです。

「排除することによって守る」という方法。「地域の何もかもは、自分たちのものである」という意識。とどのつまりは、「自分の次の代のことは知らない」という割り切り術。そのような究極に近い異文化が大きい中で、持ちこたえ、存続し、若い世代と出合い、共創を実現するに至るドデカい学びは、「拓く」という醍醐味の味わいに満ちています。

「接点がない」という甚遠な状況から、語り合い、協力し合い一つのことを実現する「ＷＡの文化力の合流」へと人生の幾つもの転機を経ながら、共に生きた10年単位の取り組みは、得難い体験です。互いにとって、見える景色も距離感もまったく違う経験。わたしにとっては、これほど180度、人に限らず多くが入れ替わった際立つ状況もなかったかもしれません。

４．「言語を学ぶことの本質」は何か

　人間は、言語があることによって、互いの意思疎通もでき、また、「考える」という作業自体もできます。言語がなければ、曖昧で混沌とした存在体験にもなり、直接的な動作や音や絵などを通じてしかコミュニケーションがとれないかもしれません。

　わたしは、個人で語学教育研究所を主宰していたこともあります。また、第二外国語としての英語教育の分野で、米国大学の日本校の通信教育を主として修士課程を修了し、教育学での博士号も取得しました。し

かし、その肩書を使用しないことを決めたのは、それが米国の認定大学からではないということでいらぬ論争などに巻き込まれるのは不本意であったからです。

　通信を主とした学習は、文系であるからいえることでしょうが、少なくともわたしにとっては、日本の中・高・大での教室での受け身の一斉授業や自由課題的な漠然とした学習よりも遥かに実のある学習でした。英文書籍を読みこなさなければ、課題の提出はできません。通信だけではなく、スクーリングもあり、最先端の英語教授法のデモンストレーションをいくつも体験することもできました。それは、日本の英語教育の貧弱さに一気に気づかせてくれるものでした。人格をもった一人の人間として、生まれて初めて、クラスの中で、講師に対等に扱われたという強い実感がありました。

　この経験の前には、計1年の米国滞在体験や、1年間日本の同時通訳専門学校に通った経験もありました。その後は、米国のサンフランシスコ州立大学やアイオワ州立大学の大学院プログラムで加速学習法を探究し続け、単位の取得もしました。専門的なプログラムは、提供できる人がまだ、限られていたため、こちらから開講時期に現地に行くしかありませんでした。日本でのジョージダウン大学の夏期講習でも教授法を学びましたが、この担当教授は、例えば、ほとんどサジェストペディアの実際を知らず、話をしたところ、「あなたの方がよく知っている」と言われました。

　わたしが驚いたのは、なぜ、教科書どおりのことしか知らずに、講義ができるのだろうということでした。さらにもっとショックを受けたのは、3年だけ、日本の大学で英語表現などの非常勤講師をしていたことがあるのですが、その学科長が、ご自身は「英会話は専門ではないので、得意ではない」と話されていたことです。

　ごめんなさい。ただ、英会話を「教える」には、専門性が必要だと思いますが、英語を仕事とする以上、自分が会話することには、たじろぎがないのが基本であると思います。このように言っていても、わたしの英語は、文法的にも発音的にもまったく完璧ではありませんので誤解はしないでください。英語自体の専門家になろうと思ったことはなく、ただ、地球社会の共通言語となっている英語を使ってのコミュニケーションがだれともできるようになることは必須と思っていただけです。むしろ、日本人ならそれがペラペラ英語と思いがちなカリフォルニア・アクセントなど、米国訛りの発音は体質的にできません。

　ところが、びっくりすることが起きました。国際学習連盟（IAL）の大会に出席するために、一人でサンディエゴを歩いていた時のことです。道路で、一人のアメリカ人女性とすれ違いざまに、軽く言葉を交わすシチュエーションになり、あいさつをした時のことです。その人がわたしに食いつくような勢いで、「あなた！あなたはいったいどこで英語を習ったの？」と聞いてくるのです。何ごとだろうと思い、わたしは、「日本で習ったけれど……」その人は、さらにたたみかけてきます。「あなたの英語は、完璧だわ。どうやったらそんなふうに話せるようになるの？」。わたしには、訳がわかりません。だって、その人は、英語の母国語話者（ネイティブスピーカー）ですから！

　その人は、よっぽど悩んでいたらしく、さらに語りかけてきます。「わたしは、放送アナウンサーの発音指導をしているの。みんな訛りがすごくて。中西部のアクセントが標準なんだけど、いくら注意してもそれがなかなかできないのよ。あなたみたいに発音できないの。どうしたらできるようになるのかしら……」。

　それきり別れましたが、わたしには一つの学びになりました。日本語でもそうですが、わたしには、崩した表現や、流行り言葉などは、しっ

くりきません。体に馴染まないといった方が正確な表現です。ですので、省略表現やカッコイイ表現もほとんど口にすることはなく、そう、日本語風に英語を話しています。

実は、このような言語感覚や「言語を使用することの本質」の方に、文法や読解や語彙の数といったことより、わたしは、深い探究心をもっています。ですので、むしろ、言葉を意識的に使うことにより、どのように人生の景色が明るく変わり、生命輝く文化が世界に着地していくかをファシリテーションすることの方に関心があります。つまり、「言語を使用する」ことのポテンシャルは、それを可能にする資源性を有していることを認識しています。

言語が文字化、体系化、発語化、発話化されるプロセスには、無から有を形成するにも等しいエナジェティックス、つまり、エネルギーの組織化がともなっていることを認識するだけでなく、自然の仕組みにアライメントした社会的な応用をしている探究者・実践者はどれだけ存在するでしょうか。

この領域は、それが人類が開発したAI、IoT、ビッグデータがまったく及ぶ範囲ではないことを、そのまま知覚する「平常心」を失っていない人たち、つまり、文字通りの意味での「普く通る」回路を識り、そこに生命の滴を添えて、「普く通わせてゆく」ことを生きる歓びとする『普通』の人々にのみ、アクセス可能であるといえます。なぜならば、人間が制度化した仕組みや理論体系を基本にしていては、窺い知ることのできない、「生命感覚」・「生命の叡智」を失っていない方たちであるからです。

アートとサイエンスが融合している分野で仕事をしている方々、例えば、整体師、料理人、パン職人、翻訳家、左官職人、空間デザイナー、自然・有機農業者あるいは中小企業経営者といった方々の方が、理系のみ、事務系のみの業務の方や、金融業のような方々より適性がある、超

高齢化時代の新たなライフワークや生きがいの創り方がこれから台頭してくると思います。体力が減少してきたとしても、日常レベルで創造的に意識を使うことは可能であるからです。

　AI（人工知能）を駆使し、便利この上なく、経済的にも裕福とされる方々が味わうことのできない、生きる豊かさを共有できる人々が、既存経済的には、「貧困層」といわれながらも、共通的に描いてきた未来を慎重に実現していけるとしたら、これは、痛快ですらあるように思います。

　本当の舞台は、劇場やVRの中にあるのではなく、この地球自体が生本番の場であり、日常は、多元・多分野が織りなす、リアリティの体験の場であり、サイエンスの本質の精度が問われていることが自覚できれば、それは、主体性が生きる文明への本格的な移行を意味しています。これまでエリートとされてきた立場に現在ある方々が、ほとんど理解できず、「加速化」に乗れない流れが今後は多出してくるのではないでしょうか。

　教室での講義なども含めて、言葉で伝えるだけでは、数パーセントの伝達力しかないことは、加速学習法では、基本中の基本として認識されてきたことです。非言語コミュニケーションが残りの領域を担っているのであるとすると、字面や認知情報の媒体としてだけの言語に着目することは、言語をともなうコミュニケーションの探究の入り口に立ったばかりであるといえそうです。

　文化や文明の歪みや先行きのなさにも、言語の使用、あるいは、コミュニケーションについて、または、関わり合い方について、わたしたちが意識を及ばせていなかった領域が影響していることを認識してきました。この領域がいかにわたしたちを自覚のないままに「鎖に繋がれた象」の状態にしているかに気づくと、後は、ソロパフォーマンスを主としてだけでいくのか、ソロとオーケストラのどちらにも出演してゆくのか、そ

れも、どのフィールドを持ち場としてゆくのかなどがありえます。研究室に閉じこもっているわけにはいきません。

　長い下準備を経て、コオペレーション可能な方たちとの学びと実現の環を可視化してゆくことがようやくでき始めました。その一つとして、現在MALCでは、春季・夏季・秋季・冬季のサイクルを連続して、オンラインで学び合っています。

　わたしに国文学や日本語教育を学んだ背景もあることから、MALCでは、漢字であれば字源に、英語であれば、アルファベットの由来・形状や語源にも注意を向けています。頻繁に使用される語であっても、意識的に使用しないようにしている単語もわたしにはあります。ここでも「文字入力しない」ことにしますが、話し言葉として他者によって使用されている際は、文字や語源で意味していた歪みのある意味はもたせずに受けとり、発話の際は、「音」としてより普遍性のある響きとして発語します。簡単にシステム化もされているため、通常、MALCのコオペレーターとしては、使用しない漢字や語もありますが、他者によって使用されている場合は、過度な偏りのないインフォメーション状態で目に入れ、耳に入れるようにしています。

　感覚・感情・生理的反応など、認知的な機能性や記録的な役割だけではない、人間としての丸ごと経験も含めての言語使用です。また、使用された言語には、使用した人の様々なエネルギーインフォメーション（EI）も運ばれます。あるいは、当事者の自覚なく、フィールドに存在する様々な特徴的なインフォメーションが付着する場合もあります。例えば、「愛」という語を使用しながら、真逆のようなインフォメーションが伝えられてくることもあります。これが様々なレベルの操作に使用されてもきました。

　また、例えば、英語学習で、「understandは、理解する」と丸暗記の

ように覚えますが、言語が示す状態や領域は、ほとんどの場合、訳語が一致しません。「appleは、りんご」でさえも、その語が示すところ（共振場）は、一致していません。言語学では、認識されていることですが、同一人物が、二つの言語（例えば英語と日本語）を流暢な話者として話す時、同じ場所で同じ質問内容であったとしても、声のトーン、ジェスチャー、また、答え方、あるいは断り方が、まるで異なることがよく知られています。これは、話す言語の文化を反映してもいますが、その人の人格まで違うとさえ言われるほどです。

　日本文化では、「あいつは、口に出して言わなければ、わからないやつだ」とか言いませんか。つまり、「口に出して言わなくても、わかるのが当たり前だ」という暗黙知の文化が働いています。「言葉にしても、わからない」というのは、ある意味、どうしようもないほどの低い評価でもありえます。

　しかし、西洋文化、例えば、英語文化では、どうでしょう。言葉にして明言せずに、どうやってわかれというのか、論理が通っていず、伝える力がないのは、伝え手であるとみなされることでしょう。明示知の文化が働いているといえます。

　言語は、本質的には、全体性・個別性・微細性・有機性・応用性を含めて、頭だけではなく、自らの全存在性で感知・知覚し、受け取り合うことが基本となります。「腑に落ちない」とは、どういうことなのでしょうか。

　人類の言語研究は、形式的な生成論も含めて、まだ、海上に出ている氷山のわずかな一角を扱っているところであると考えています。言語は、海中のすべての氷山を含むだけでなく、海そのものの表象であるといえるからです。その海でさえも、フィールドの多様な表れの膨大な生きた集合場であると認識しています。

「玄海流」ともいえるこの領域の形成的な資源性が自覚・無自覚を問わず捻りを加えられて転用されてきた経緯が、人間と人間、人種と人種、宗教と宗教の争いや隷属化などが今日まで続いてきた水面下にあります。人間の思考が、人間が決定する現実を表すに至る背景にあることは、自明かと思います。インフォメーションキャリアーとしての言語にその本来の意味とは異なる発生機序・作用機序を起こすエネルギーインフォメーション（EI）が組み込まれていたことが、分断と衝突、武器やカネを肥大化するに至る要因になってきたことは一考に価すると思います。

「平和のために、核兵器が必要である」という明らかに矛盾のあるおかしな論理が説得力を持っていたのには、巧妙な背景のエンジニアリング処理があったといえます。それは、暴力や制圧で、事を作るやり方を正当化するまでの状況を作ってきました。『平和には、いかなる兵器も存在していない』が、言語インフォメーションが、その組み合わせにより出現させる本来のエネルギーインフォメーション（EI）と一致した発出です。不一致を論理として押し通すことが罷り通るには、いわば、自然の仕組みにアライメントのない、インフォメーションの改ざんや「壊し」が水面化や背後で多く作られてきたということです。そのことを認識することは、プラネタリィなオーガナイゼーションやコオーディネーションの基本となります。

　ここで、提示していることは、説得を必要とすることでも、肯定・否定の文化の範囲のことでもありません。

　わたしたちが確認する必要のあるのは、「もっとも大きな変化を起こすのは、もっとも純粋で微細なエネルギーインフォメーション（EI）のアライメントの連続の働きである」ということです。必要なのは、その微細なEI、あるいは純粋フィールドと既にコオペレーションしている方々のより意識的な自覚です。

　これ以上の大そうな機器を作ったり、莫大な投資をしたりしなくても、人間というわたしたちの存在性のポテンシャルは、それらを遙かに超えたものです。必要なのは、「復帰」すること。難しい理解もいらない。ただ、生命の一員としてあらゆる違いを超えて地球とともに、互いの生命の輝きをかけがえのないものとし、できることを黙々と続けている人たちの意識的なコオペレーションです。

　自らの資源性から遠くなり、アライメントを失ってしまった人たちが頼ってきたのが、武器であり、権力であり、お金であり、外在的な度を越した開発や進歩といえます。

　フィールドの本質とのサイレントコオペレーションへの基礎の基礎の一つがMALCであるともいえます。深化の実現と学びと自生的な展開を楽しむためのものです。

　ところで、外国語をペラペラ話せないから、何か国語もネイティブとして話せる人はいいなあと羨ましく思ってはいませんか。わたしが言語使用の本質に気づき、探求し続けることができたのは、外国語として英語を後から意識的に学んだからです。その意味では、ネイティブとしてペラペラであったら、まったく及ぶことのできなかった領域があると思います。同時通訳や逐次通訳のトレーニングをしたこともいい経験でした。自分の頭の中を重層的に使用することが起き、そこで起こっていることを、客観的にも観察する機会を得ることができたためです。

　また、ある大学の理工学部での英文読解のクラスでは、"The PhotoReading whole mind system"（『フォトリーディング全思考システム』ポール・シーリー著）を使用していたくらいですので、本を速く読む方法は、知っていますが、子どもの頃から現在に至るまで、わたしは、一文字一文字読むクセがあります。数行にも、次に進むのにとても長く

時間がかかることが、よくありました。これは、どうしてなのだろうと加速学習に出合う前は、思っていましたが、自覚するに至りました。

その文字を通じて、伝わっているEIを読みとり、ある種の作業をしていることがわかりました。字面とその背後のEIのアライメントがないこともそうですが、「象の足の鎖」の影響を強くしたり、深層的なもつれを伴っての表れになっていたりすることも多く、自動的に何らかの「解きほぐし」作業を黙々と行なっていたようです。

ここまで本著で記してきたことのすべてが、次にお伝えする「フィールドシップ」でのコオペレーションの日常化に至っています。

5.「フィールドシップ」 加速の自然（じ ねん）

「フィールドシップ」は、自らが「フィールド」として働くことが基本となります。透明な働きともいえ、個性あふれるように見えたとしても、そこに、純粋エネルギーが通っていることが目安となります。純粋エネルギーは、あらゆる違いを超えて、互いの蘇生へと向かう回路を復帰してゆきます。これは、異文化、異業種や異質のタイプの人たちが共創活動をしようとする際に必要となる姿勢であり、スキルの特徴です。

特定の誰かや物事に向けてだけ何かを行うのではなく、「そのことを通じて、普く（あまね）すべての人々や存在に蘇生に向けての循環がされてゆくこと」に常に意識を維持していることが基本となります。それは、フィールドの本質には、そのような働きがあるからであり、人間がフィールドとしての自らの存在性も活かせるようになった時、回復してゆく仕事の仕方といえるかもしれません。たとえ、個人として関わることのできる現場が、限られた範囲のことであったとしても、それを行うことにより、発生しているエネルギーインフォメーション（EI）がアライメントしてい

れば、フィールドの本質全域に伝わることが可能です。これは、実践者には、現象の変化を通じて確認が可能です。

　それは、主体的な意志や刷新が伴わずに続くこととはいえません。見せかけはすぐに剥がれ、見た目や在り方への先入観がある場合は、その本質に触れることはないといえます。

　これは、スタンスとは異なります。より、本格的には、フィールドにあるエネルギーインフォメーション（EI）とのコオペレーションを、氏名や肩書きのついた自己としてではなく、ひたすら「フィールド」として大袈裟なものごとを必要とせずに続けることが基本となります。考えたり、感じたり、ありがたく思ったり、行動したりすることも、アライメントがあり、コオペレーションが起きていることであれば、「フィールドシップ」となりえます。より、本来的な意味では、「在る」こと自体でコオペレーションの多元的な循環が可能となることがその基礎に近く、最も広域的な実効性を生起する状態であるといえます。

　応用としては、社会的な現場での作業や共創も含みますが、「フィールドシップ」の熟達者の場合は、現場からフィールドへという作用機序というよりは、フィールドから現場へという作用機序でのコオペレーションとなります。言語を含み、また、言語を超えた「フィールドシップ」というコオペレーション方法をコオペレーターの方たちと日常化することがようやく始まっています。

「フィールドシップ」は、フィールドを抽象域と捉えれば、哲学であり、認識の手法を組み上げ、数学や実験で証明しようとすれば、物理学であり、詩やエッセイで語れば、文学であり、音で表せば、音楽ともなります。社会の有機的なマネジメントに適用しようとすれば社会科学であり、人間を含めたエコシステムの蘇生に向け、微生物を先生として働こうとすれば、応用生態学と捉えることもできるかもしれません。様々なアー

トはもちろんのこと、日常的には、農や漁の姿にもなります。それらを含めた、学際的あるいは、ホリスティックな基礎的技法といえるかと思います。

これは、形にする以前のフィールドの準備の重要性に気づき、現実を「ほどく」ためには、先ず、フィールド環境のエンジニアリング的なコオーディネーションが必要であることを認識し、そのフィールドで働いているエネルギーインフォメーション（EI）の複合状態を知覚可能な方たちに向いている方法であるともいえます。

基本の一つとしては、デザインやドローイングで使用される表現を使うと、言語についてもポジティブスペースだけではなく、ネガティブスペースでも捉えることが必須です。

これは、日本文化の中には、既に根付いていることといえます。「察し」の文化とか「言外の意味を汲み取る」のが当たり前とか「文脈に大きく拠る言語」とかいわれるのは、そのことです。

「余白」ともいえ、これは、いわゆる「行間を読む」とか、芝居でも「間」が命であるとかいわれることと通じますが、表裏や反転、逆転の関係自体ではありませんので、写真技術のポジ、ネガとは、意味合いが異なります。言語として可視化あるいは、可聴化されているスペースをポジティブスペースとすると、それはネガティブスペースがあって現象化しているように見え、あるいは、聞こえています。

さらに、そのネガティブスペースにも可視・可聴でなくとも、様々なインフォメーションが潜在し、ポジティブスペース自体にも、可視・可聴域ではないインフォメーションが内在します。そこで、一見、同じでもまったく異なるエネルギーインフォメーション（EI）を伝えている文字や言葉、ビジュアルとなっており、同じ音階の音でもまったく異なるインフォメーションが伝わってくるということが起きてきます。

　これは、現在のわたしたちの日常のコミュニケーションでも起きていることであり、実際に、伝わっているのは、エネルギーインフォメーション（EI）自体が主であるにもかかわらず、表向きの言葉を額面通りに顕在意識で受け取るため様々な混同や交錯が起き、関係性が繋がらず、その立場に相応しない性質や采配力の人が最高官職などを得ること等が無数に生じています。

　実際、大規模な運営は、どのような一人のリーダーシップによっても、成立することはなく、成立しているように見せるとするといわゆる権力の集中化に依るようになります。適材適所が行われた上に、階層性のある要職が、アライメントし、有機的に機能しなくては、国を含む大規模な運営は、可能とはなりません。そして、これは携わる人たちの一貫した高度なコオペレーションスキルが要されることであり、明らかに、現在のわたしたちの社会的な運営は、そのような認識も実行もありません。膨大な金的・人的・時間的・社会的・自然的資源をインプットしながら、お粗末なくらいのアンダーユニファイング　アウトプット状態の悪循環となっています。

　様々な個人や団体やネットワークが、自分たちが思うところの信念と方法によって活動していますが、わたしは、どんなに迂遠に見え、思えたとしても、「フィールドシップ」を基本とするところから始めています。それが、わたしの認識する必要不可欠な起点であるからです。また、「フィールドシップ」は、既に洋の東西を問わず、稼働が始まっており、適用が進み、深化するにつれて、やがては、加速的な変容を体験してゆくことになります。

　ある意味、現在、わたしたちが、地球中で経験していることは、自然界が活性化している「フィールドシップ」であるともいえます。「いいこと」とか、「悪いこと」とかという捉え方に閉じ込められることなく、今

ある生命の奇蹟を味わい、「命がけのいのち」の本来を細心の注意を払いながら、一日一日、生きてゆきたいと思います。

「フィールドシップ」は、調整やコオーディネーションについては、それが自身のライフワークであることを自覚している、ある程度のトレーニングを経ている方々が行うにしても、「その気」があれば、つまり、純粋エネルギーで、本気で、自分のできることで、生命輝く地域と地球社会を共創してゆこうとすれば、自然の仕組みとのアライメントがあるなら、

① だれでもできる
② どこでもできる
③ いつでもできる
④ 何を通してでもできる

と思っています。

　それは、意識的に言葉を使うことからも始めることができます。それは、「本当にコミュニケーションをする」ということでもあります。わたしたちは、自分たちの都合に見合うように言語を発達させてきました。便宜的な意味合いと共に、抽象的な事象や概念について伝達し合うためなど。文字を通じて、発語を通じて、エネルギーインフォメーション（EI）のアライメントが復帰し、「クリエーションとのコクリエーション」が可能となるとしたら、わたしたちは、「存在性の本質」からの言語使用を回復させていきませんか。
　もちろん、「フィールドシップ」の適用範囲は、現場に限ることではあ

りません。時空間とのコオペレーションも可能ともいえますが、自らが「フィールド」として働くことが基本であるのが、「フィールドシップ」であれば、当然のことでもあります。それは習得することというよりは、「復帰すること」に近いかと思います。ただ、現場で手一杯の状況ですと、不可視の領域については、いたずらに想像を膨らませない方が、賢明であることは間違いありません。

　ただ、「フィールドに確認する」というスキルは、実用的でもあり、日常でも、ミーティングでの審議の本質的な完了の確認にも、事業展開の方向性の「○か×か」の確認にも、宿泊施設の選択にも使用できますので、洗練させてはいかがでしょうか。

　ご自身の行動や仕事が、「地球に存在することの本質」に関わることであり、クリエーションの純粋フィールドにアライメントし、自らの内側もクリアーであることが基本となります。例えば、そのことをすることが、地球社会の未来、自分自身の生命エネルギーの使い方として、○であるのか、未来がしぼみ、閉じたり、重しになってしまったりする方向であるのかなど、フィールドとしての自分の存在性からの発出とフィールド全体からのフィードバックの感触によって確認できます。

　これは、そのための研修などは行っていません。日常自体が本番であるからです。多くの方は、ご自身の存在性について、まだ、混濁が多いかもしれません。「存在することの本質」からの共創に本気で既に取り組んでいらっしゃる方には、もう、当たり前のように、もたれているスキルであると思います。だって、「その人が生命を大切にして、本気で生きているかは」は、自らが本気で生きている方には、すっと見抜けますし、「筒抜け」でしょう。（この、子どもたちにも大人のことが「筒抜け」であることは、どれだけ、先生方にも認識されているのでしょうか。）

　達人級の海外の方同士のシンポジウムや、直接の会話では、"checked

in"（確かめた。確認した）という表現で、「フィールド」への確認をしてのことであることが理解されています。

　ちなみに、わたしたちの関係者の間では、より大きな意味での「フィールドシップ」の進行あるいは、浸透状況が、現実の表れの中、つまり「現場」で確認できていることを、ごく自然に、「確認がとれています」と報告し合っています。違う場所、違う人、違うことを通じての共通的な確認がとれているということです。この場合は、英語では、"confirmed "という意味合いになります。

　ところで、わたしが経験した「フィールドシップ」の典型的な実例があるので、ご紹介しておきましょう。

　2006○頃、当時の仕事の関係で、ロシアのチェボクサールィという市に行ったことがあります。国内便の飛行機が驚くほど年季が入っていたのをリアルに思い出します。市の産業の活性化のために、日本の沖縄生まれの農業・環境技術でもあるEM（有用微生物群）が着目され、技術を学びたいという要望もあったようです。新幹線の紹介の方も同行されていました。

　この時、町を歩いて、びっくりしたのが、「フィールドシップ」のコードの一つとして使用している「OOO」が建物の至るところに、大きく表示されていたことです。後で調べてみるとロシア語では、「有限会社」を表すことがわかりました。そのような社会的な働きも含んでのコードでしたので、そのエネルギー集合の本質とのコオペレーションを自覚することができました。

「フィールドシップ」では、OOOは、「自己組織化」と開放系の意味を含んだコードです。

　さて、現地で開催されていた企業展示とクラフト市が合わさったような比較的小さな会場を巡っていた時のことです。もちろん、この会場の展示パネルにも、〇〇〇がたくさん並んでいます。2日間くらいにわたり、その会場をベースに出展者との交流もしていたのですが、ある時、一人の女の人がわたしを訪ねてきました。もちろん、初対面の人です。

　現地の民族衣装風の白地に刺繍が施されたブラウスとスカートに、額まわりを赤い紐で回し、後ろで結んでいます。

　何ごとだろうと思っていると、小さなメモ帳と赤いペンをわたしに手渡してきます。

「神様が、あなたにこれを渡すようにということで、持ってきました。」
と言います。

　一瞬、スピリチャルに浮き足立っている危うげな人かと思いましたが、渡されたメモ帳の中を見た瞬間、わたしには、「サイエンスといえる確認」であることがわかり、体全体に穏やかなイナヅマが行き渡るのを感じました。

　実は、そのロシア行きの少し前、わたしは、北海道に出張していました。打ち合わせでデザインのラフ案を手描きして示すのに、方眼ノートが必要になり、足を延ばして文房具店を探し、手に入るものと喜んでいたのですが、何と比較的大きなお店であったのにもかかわらず、そのお店には置いていないと言われてしまい、とてもガッカリしました。その時、空に向かって叫ぶような感じで無言で、「ああ、方眼ノートが手に入ったらいいのに。小さくてもいい。書きやすいペンもあったら……」と強く思ったのでした。そんなふうにモノをほしいと願うのは、滅多にあることではなく、その感じは、不思議なくらいでした。

　その時は、そのままとなりましたが、今、渡されたメモ帳のページは、あの時イメージしたとおりの方眼で、それがどういうことかは、疑いよ

うがありませんでした。彼女は、その会場で、それを見つけて「伝えられた」とおりにわたしに届けてくれたのです。赤いペンまで持ってきてくれましたが、販促用に会場で提供されていたのだと思います。わたしは全くそういうものがあるとは気づいていませんでした。それには、OOO も印字されているのが、わたしには、意味がありました。また、「フィールドシップ」では、カラーコードも使用していますが、赤は、北海道のその打ち合わせの内容と一致するものであり、その時期にわたしたちが時空間環境に関わる作業トーン、或いは、「設定」は、「赤」で共通認識され、フィールドのコオーディネーションを行なってもいました。それは、「MOTHER」そして「FATHER」というエネルギーインフォメーション（EI）の働きも含むものでした。

　この「MOTHER」や「FATHER」には、宗教的な意味は、もたせていません。その名称を典型とする包括的なエネルギーインフォメーション（EI）の働きと働き方がフィールドに存在していることを認識しての表記です。コオペレーションが可能になるには、純粋エネルギーのみが通用します。それは、包括的なものですので、「聖なる」とされている接し方がされることは、ありえることと認識しています。

　ロシアの自然に根ざした風土の中にも、彼女のように、常にその「声」に耳を傾け、日々、その「お使い」をしている方たちがいることを直接、確認できたのは、ありがたいことでした。彼女のように、その存在性を「神様」と呼んでいる人たちは多いと思います。ただ、わたしは、「神様」と呼ぶことはしません。その言葉があまりにも誤用・乱用され、今日の地球社会の争いの根にまで転用されてしまっているからでもありますが、人間が形式化したり、制度化したりしている範囲を遥かに超えている存在性であり、いかなる言葉や音にしても、その普遍的な働きを表現していると見なすこと自体に無理があると思っているからです。

　それでも、彼女の場合のように、その発語から伝わってくるエネルギーインフォメーション（EI）で、それが、本来の天然の本質を伴っていることであるかは、ありのままにわかります。これからの社会的展開では、アライメントを伴った言語使用をしているか、また、その生き方をしているかが、わたしたちの「素」の状態をさらに露わに見せてくれるといえます。もうすでに、事業やガバナンスでも、アライメントが通っていない場合には、表面化が後を絶たないのは、ご存知のとおりです。

　わたしたち人間がどこに資源を求めずとも、既にもっているのが、自分自身が発しているエネルギーインフォメーション（EI）であり、より正確には、既に豊富に存在している天然のエネルギー、ごく身近な表現をすれば、「生命の息吹」をどのように、自分という生態系を通じて、周囲に循環してゆけるかそのものが、資源性の源流であるといえます。これを活かし合い、現場に学びと共創と、本質を外さない事業を育ててゆく基礎となるのが、「フィールドシップ」でもあります。

　可聴域を超えるコミュニケーションや聴き取り方は、既に充分に人間の暮らしの中で実務に活用されてもきました。超能力ではなく、天性の「聴き取る力」です。現代文化に長じれば長じるほど、このような天然の能力を退化させてきてしまったのが、現代人ともいえます。「以心伝心」は、日常的にもよく使われてきた言葉ですが、それがごく自然に和の文化の素地ともなってきたといえるでしょうか。もしかしたら、そのもっとも身近な応用は、「自らの心の奥の声」を聴き取り、「このままにはしておけない」世の中の悲しい現実や幼い人たちの痛みについて、何らかのことをしてゆこうとする実行に現れるものとも思います。

　５Ｇ以降の技術革新を追う人間自身の未来像は危うさに満ちているといえます。人間としての全体性の能力が、これまで以上に退化していってしまうのではないでしょうか。既にすべてが通っているフィールドで

あるこの世界の足元を大切に暮らしていくことを選択する生き方、暮らし方をする方たちが最先端の仕事をする人たちの中にも増えています。

　Z世代、アルファ世代以降の方たちに、旧世代の後始末でこれ以上の迷惑をかけず、まともなことを少しは、しておきたいと思っています。

　人によっては、ライフワークのほとんどが、不可視のエンジニアリング作業としての「フィールドシップ」である人たちもいます。また、ロシアの彼女のように、ただただ、誠実に現実的な「お使い」に徹する方たちもいます。このような方たちは、現場に長けた人たちが十分、力を発揮していけるようにも、静かなアシストに徹していることでしょう。「働き方」の多様性であり、それを活かし合えるわたしたちでありたいものです。

「フィールドシップ」については、現実的には「FIELDSHIP UNIVER-CITY」（FSUC）の事業名で様々なコオーディネーション、コオペレーションを実施し、ご協力もいただいています。[参照：https://000fieldship.org]

6．ゼロポイントで出合う

「ゼロポイント・コオペレーション」は、わたしたちが実行している「共創」では、その基本としていることです。それは、お互いの姿勢としては、「共創」の際は、自分の中の葛藤や、不満、怒り、焦り、劣等感などを持ち込まないということです。優越感や従来的な上下意識も同様です。それらが濃厚にあるとしたら、それらを自らの日常の学びや働きどころとして、「内なる回復」を先ず、自分自身で誠実に行い続けるのが基本であるということです。

　なぜなら、多くのわたしたちの内にも外にも、不安や悲しみ、不足感、危機感がいくらでも渦巻いています。その渦中にあり、抜け出しようがなくなっている人たちも多数います。そのような方たちもいのち蘇るような、地域・地球社会になってゆくように共創するには、その先駆けの一員であることを志すわたしたち自身が、互いがもっている能力や資源を可能な限り活かし合い、有効に社会に還元してゆくことが不可欠であり、自分個人の心理的なニーズや癖、旧い価値観などを共創の場に影響させ、エネルギーの浪費や能力の潰し合いの旧世界的状態を起こさないことは必須であるからです。

　また、「ゼロポイント・コオペレーション」は、人間社会だけでなく、生命場に存在している生命の一員としての「原点」、さらに、普遍的場に存在しているフィールドとしての自分自身の「玄点」からの共同作業であるともいえます。これについては、スキルとしては、時間をかけた錬磨を要するところです。ただ、意識的あるいは無意識的にこれに近いところでライフワークあるいは、プロの仕事をしてきた方たちが、ゼロポイントで出合い、コオペレーションし、共創する時、これまで経験したことのない加速的な展開も起こります。このようなコオペレーションの重層的で同時多発的な展開が未来社会の着地を可能にし始めています。「ゼロポイント エネルギー」という言葉を物理学者として初めて、使用したとされる方は、友人でもあります。PAFの緩やかな繋がりでもあり、マウイでも交流がありました。

　当時のPAFのコオーガナイザーもゼロポイント エネルギー装置の開発者の一人でもありました。オーバーユニティを可能にする装置です。これ自体は、発明された当時は、社会環境のアライメントがなかったため、特許に出願した途端、考えてもいなかったことが起こり、事実上、葬り去られたということを直接、聞いています。そのようなことは、数

限りなく、人類史においては、起きてきたといえます。

　このエネルギーの特質について聞いた時から、わたしには、その応用範囲は、自然科学といわれる分野に限られたことではなく、人間自身がどう在るか、そのオペレーション、すなわち、エネルギーの受発出、作業手順、協力や共創、仕事の仕方、社会活動の連関の在り方にもいえることであると認識され、「ゼロポイント・コオペレーション」を提起し、実践し続けています。いわば、社会科学的にも、人間科学的にもいえることであるとの見解は、当初から、PAFのコオーガナイザーの間では共通認識されていました。

　それは、人として厳しすぎる生き方だとする方々もいましたが、少しでも本当のところに近づいてくると、むしろ、「その方がずっと楽で自然」であることが体験されています。

　今日のように、人間の所業が、地球環境・社会環境の最極端な非調和事態を如実に現出するに至っては、「ゼロポイント・コオペレーション」に自然に近づく人や事業体が、その呼称を知らなくとも、澎湃として湧き起こりつつあるのも不可思議ではありません。

　わたしの場合は、天然的な必然から、「ゼロポイント・コオペレーション」が始まっていたといえると思います。「世界の平和」は、幼少期からの人生の大きなテーマでしたが、その本質を希求すればするほど、それを願う自分自身が、常に平和な心であることが必須であることが自明となります。また、例えば、「正義」についての何らかの固定的な絶対観がある場合には、自らが平和への道のりを硬直化してしまうことも明らかとなります。ある捉え方をすると、「中道」や「愛」、「法則性の原点」を掘り下げ、特定の文化や信念体系を超えた普遍的な在り方、実行方法を探究し尽くしたところに、「ゼロポイント・コオペレーション」が見えてきたともいえます。これは、コスタリカの国連平和大学での「平和と時

間」に関するサミットの小委員会で多様な精神文化を背景にもった参加者との活発な協議を経験した際も、その姿勢であれるまでに、日々、瞬間瞬間、意識的に実践することを持続してきてよかったと、ふと振り返ったことでした。

1996○よりしばらく続いた出版の数々。そして、国内外での個展。これらは、文字どおりの普遍的な場の存在性との「ゼロポイント・コオペレーション」以外の何ものでもありませんでした。当人は、まったく想定も想像もしていなかった「空」から現れてきた事象でした。もちろん、様々な不可視のコオペレーションをいただいたことも多少なりとも認識しています。それも、個人としての要素はまるでなく、現出する展開を体現する準備が、突貫工事のような状態ではありましたが、何とか最低限でもできていたことで起こりえたことであったと思います。

　様々な存在性の応援、あるいはサポートをいただいていたとしても、存在することの本質からすると、すべてを含んでのいわば、チームワークであり、自然の仕組み、あるいは、「フィールドシップ」の出現を、人間社会という現場で、表現する役を全うするというめぐり合わせを共にさせていただいていることといえると思います。そのようなおこがましい言い方をあえてさせていただくに至るには、相応の仕事と不断のコオペレーションの持続なくしてはありえないことであることを申し添えさせていただければと思います。ダイナミック・ハーモニーは、わたしの本質のふるさとでもあります。

2000○の後、現在に至るまで、海中深く潜るような作業、地域を含むNPOの諸活動とゼロポイントに徹することができているのは、前千年紀最後の数年の全国の皆様との日々があってのことと、あらためて感謝申し上げます。

　実際のところ、ゼロの意味するところをわたしたち人類がどこまで理解しているかわかりませんし、ゼロ自体、存在しないという認識の文明もあるかと思います。ただ、いえるのは、「ゼロポイント・コオペレーション」というコクリエーションのヒントの共有は、人間社会を蘇らせる可能性が多大であるということです。

　世の中には、ゼロが溢れるようになってきました。はやり文字やはやり言葉としてではなく、実質をともなって社会に提案されている会社さんは、あまりないかもしれません。その中では、わたしも共に学ばせていただいている個性あふれる、斬新で、楽しく、カッコいい福祉の雑誌『コトノネ』（www.kotonone.jp）の読者座談会のご縁で知り合わせていただいた株式会社ＣＯＢＯさんは、注目に値すると思います。自然と共に在り、暮らす循環型の生活を「生活デザイン」力で、スタイリッシュに横浜から伝えていらっしゃいます。（参照：www.cobo-net.com）

　その社長に出合ったのが、年末。微生物をキーワードに、ほんの数分の会話でした。その次の、年明けの正月には、初めて見学に行かせていただいて、話しが尽きず、対談の録画のご協力をいただけることが決まりました。これは、録画の状態のまま、基本的には編集せずに、自主製作のクォリティですが、FIELDSHIP UNIVER-CITY（FSUC）として発行させていただいている「EDUCATION　FOR LIFE」シリーズの動画です。皆さんによる「学びの場」主宰への話題を提供することを目的にしています。対談のお相手には、ありがたいことに無償でご協力をいただいているものです。EFL共創センターの神宮として、対談させていただきました。

　これほど速く事が進んだ背景には、親世代同士が出合う10数年前に、次女が、御一家が主宰する学びの場に参加していたことが大きな基礎となっており、双方ともに親子二世代での出合いと再会の貴重な機会とな

りました。

　COBOさんは、ゼロベースを基調に、人間の暮らしのデザインを社会に伝えていらっしゃいます。「生活の真ん中に『微生物』を置く」という大胆でありながら、繊細でスタイリッシュなライフスタイルをウエダ家の皆さんで実践していらっしゃいます。

　空気や水や土は、わたしたちの生命活動の必須ですが、そこに存在する微生物も、人間の生命活動にとってなくてはならないものと自覚しています。暮らしのどこにも存在し、諸説あるものの、わたしたちの体の中でも、細胞の数より遥かに多いともいわれる体内環境の主役でもあり、地球生態系の主役であるとも思っています。生命体としても人間よりはるかに先輩です。

　その影響がどれほど甚大であるかは、長引く生活の激変で、わたしたちのだれもが直接、経験しているところです。ゼロポイントで生きることを身につけてゆく人たちも必然的に増してゆくのかもしれません。

　横浜でのCOBOさんとの会話は、そこに留まりませんでした。静岡県の川根町で開催直前であった「KAWANE WORLD FORUM」の交流出店ブースでのCOBOさんのパンの販売へのご協力をいただけることになり、当日もお忙しい中、駆けつけてくださいました。それは、会話の中で、わたしたちが「LAILAのスペース」と呼んでいる家とありえない程の至近距離で、川根のSASAMAに友人のデザイナーの方たちがベースをもたれたとのご縁も重なってのことです。

　そのデザイナー夫妻、HUMORABO（www.humorabo.com）さんも「社会の真ん中に『福祉』を置いたら、もっと世の中は、暮らしやすくなるだろう」という思いをもち、東北の福祉作業所と仕事を超えた関わりを持ち続けていらっしゃる方たちです。さらに、いくつかの縁が重なりもしました。コトノネさんとも再び繋がり、その友人の方がアップサイ

クルの取り組みを紹介してくださったり、仙台での交流も始まったりしています。

　小さく、些細なことのように見える事が、人が人として生きる上でもっとも大切なことの大半であるように思います。それを体感し、そのように生きている人たちが、それぞれ起こす大小の渦が、やがて世界の潮流となり、脱皮を経た人間社会の姿を浮き彫りにしてゆくと思っています。その些細なことの奥には、コペルニクス的な視点と「ゼロポイント・コオペレーション」のキーが眠っているようでもあります。

第二章　全存在性で生きる

1．コクリエーション（共同創造）

　今や社会的な事業には、行政、研究機関、大学、企業経営を問わず、どの分野でも「共創」が謳われています。それは、今日、わたしたちが直面している地球規模の課題も、日本においてのモノ余りの中での製造業、人口減の中での大学の生き残り、膨大な食品ロスの一方での食事に事欠く家庭など、そのどれもとても一事業者や機関、行政のみで対応できる範囲のものではなく、必然的に至らざるをえなかった事業の進め方といえます。欧米などの先進的な取り組みに学び、近年では、日本においても「共創学」なるものができ、共創学会が設立されています。

　大阪で開催されるEXPO 2025は、「いのち輝く未来社会のデザイン（Designing Future Society for Our Lives）」をテーマとしています。その実現とSDGsの達成に貢献することを目的とし、多様な主体者による共創となるよう、共創パートナーなどが募集されています。このように、コクリエーションは、未来に向けての新たな社会創造活動の動力にまでなっています。

　デザイン、マーケティング、地域づくりのシーンでも多用され、自治体でも謳われています。ＩＴ企業においても、顧客との関係性の深化のために経営方針にまでしたり、「共創サービスの体系化」をブランドにまで高めてゆこうとする動向もあるようです。

　これは、"The Future of Competition: Co-creating Unique Value With Customers"（邦訳『価値共創の未来へ』ランダムハウス講談社刊）の内

容の影響もあるかもしれません。企業経営の分野でも、企業が顧客に一方的に価値を提供するという構図から、「企業が価値を消費者と共創する」方向が示されています。

1999○より、NPO活動の主な活動姿勢としてもコクリエーションを基礎に置いてきたわたしたちには、世の中がこれほど、共創を前面に出すようになるとは、驚きですらありました。ただ、そこで示され、行動に至るありようは、わたしたちが精進してきたコクリエーションの意味合いとは、大分、違ってもいます。

わたしが認識してきた「コクリエーション（共同創造）」が意味することは、非常に本質的な内化と実践を要することであり、実践を経ながらその入り口に近づくのに、幾星霜を経ています。共創という概念を人間相互の社会的な利便性のために使用するのは、もちろん自由です。ただ、言葉の本質が示唆することを感知し、学習の基礎とし、わたしたちの生き方のリアライメントのための入門ハンドブックなども制作してきた観点からは、極端にコモディティ化したような実践スタイルになっているといえます。

NPO発足時より認識してきたコクリエーションは、大袈裟と思われるかもしれませんが、少なくともわたしにとっては、もっとも基本的で、不可侵の領域ともいえるものでした。それは、学生時代に、「教職」という立場に観じた空恐ろしさのようなものに通ずるものがあります。人が人を「教える」ということのセキニンの大きさ、恐れ多いことの果てしなさは、ストレートに伝わってくるものでした。まして、教科についてのみならず、「先生」という立場を錯覚しうる危険性は、明らかともいえました。

わたしにとっては、クリエーションとは、この宇宙自体の生成、森羅万象、人間自身を含む存在の多様性を現実化している仕組みや本質的な

働きを指します。その仕組みに沿い、その本質的な働きと共に人間社会でもわたしたちが互いを活かし合いながら、すでにある未来を「インフォメーション（編成化）する」プロセスをファシリテーションしてゆくことがコクリエーションであると認識しています。

　ですから、人間の都合や利便のみに関心が向けられる共同事業をコクリエーションとは思えていません。クリエーションとのコクリエーションにまで、意識も、体も、在り方も向けられるようになって、より本来的な社会的な共創も可能になってくるように思えています。ただ、わたしたちも常に現場と現実にも同時に意識を向け、必要なことは実行することを続けています。どこに意識をおき、どこまでを意識圏として、つまり自分ごととして足元から共に豊かな生を経験できる社会を共創してゆくかということです。

　すると実際的に明らかになってきたのは、だれもの生命が輝くことに真底、コミットしている方たち同士は、世が極まったかのような現場で、様々な違いを超えて共創が必然的に起きてくるということです。生命という「原場」で、その働きの表れであるかのような、個を超えて、しかも個を慈しむ心が自然に共鳴し合い、互いができることを紡いでいきます。それは、たとえどんなに小さくささやかに見えるようなことであっても、人間社会の再生にとってはかけがえのないことであり、「息ができる場」が地元にも生まれ、気持ちのいい風が通ってゆくことにもなります。

　地球社会自体が大きな変容の直中にある現在、今、住んでいる場を、「地球のふるさと」として再現してゆく未曾有の共創現場を、わたしたちは生きています。

2．既に始まっていた未来

　2009○、まだ日本でロシアの「アナスタシアのリンギング・シダーズ」シリーズの出版がされず、そのとてつもなさを知る機会がほとんどなかった頃、アメリカで英語版の出版をしたレオニド・シャラスキン博士を招聘し、日本での講演会や交流会を実施したことがあります。踊りを基調に新しい世界を拓こうと活動を続けているIZANAIの方々との共創により実現しました。

　会場は、メキシコから「レヒーナ」の著者アントニオ・ベラスコ・ピーニャさん、"Rainbow Nation Without Borders：Toward an Ecotopian Millennium" の著者、アルベルト・ルス・ブェンフィルさんを2008○に招聘した時と同様、日本の中での一等地とされる銀座のど真ん中から始めました。今度は、銀座4丁目の建て替え前の日産ギャラリーが入っているビルの上の方の階での開催です。ご厚意により、世俗的には、いわゆるこれ以上はないという場で実現させていただくことができました。

　踊りと講演と、アナスタシアの本で紹介されている学校の様子、生徒たちや校長先生の言葉も紹介され、それは、正に、希求していた未来が既に子どもたちによって実現していることを目の当たりにさせてくれるものでした。感動で涙ぐむ人たちも何人もいました。どこで聞きつけたのか、英語のネイティブスピーカーたちも参加しており、通訳をしていたわたしに、"Good Job" と声をかけてくれました。どの地でも世界の水脈は、繋がっていることを実感しました。

　当初の英語版については、訳の正確性や、出版自体に著者との間で、問題が生じたことは耳にしています。日本語訳も英語版からの訳ではなく、ロシア語版からの訳が必要であったことも当然と思いますし、それ

をライフワークとする方々が続けていかれているのは、自然であり、原著の内容のエネルギーインフォメーション（EI）の伝達に最大の敬意が保たれていることが素晴らしいとも思います。わたしは、その正確ではない英語版を読んだだけですし、少し縁があっただけの立場ですので、あくまでも限られた認識しかもっていません。その上でですが、感想だけは、書いておきたいと思います。

（招聘のきっかけは、ハワイ島で開催された既存の枠組みを超えたコンファランスに出席した際、様々な発明や地球外文明の知見などが発表される中で、地に足をつけた「アナスタシア」のことについて発表していたその内容にもっとも感銘を受けたからです。日本でも出版される必要があると思いました。）

嬉しかったことは、"Ringing Cedars "について、偶然の一致かもしれませんが、当初、チラシなどに掲載するために訳させていただいたとおり、「響きわたる杉」シリーズでそのまま普及していることです。Ringingは、通常は、「鳴り響く」と訳されておかしくはないと思いますが、この一連のシリーズの伝え手でもあるこの杉（シベリアマツ）の光エネルギーの生命フィールドが伝わる必要があるため、意識的に「響きわたる」と訳させていただいていたからです。

また、すぐに気づくのは、タイトル訳の変更です。英語訳では、Co-creationとなっていたものが、日本語版では、「共同の創造」となっています。これは、意味することが全く異なることは明らかです。「人間同士、生命存在同士の共同を創る」ことが元意であることが伝わってきますが、違うでしょうか。

「アナスタシア　ロシアの響きわたる杉」シリーズでは、１ヘクタール以上の土地を一家族が永続的に所有し、一族の「愛の空間」とし、地球

の未来をイメージして「祖国」として深い関係性を育てる提案がされています。人間が本来の力を蘇らせ、コントロールから開放される着実な姿が、既にイメージされた上で、伝えられているのが伝わってきます。

　アナスタシアが人類にとって非常に貴重な働きをし続けて下さっており、類稀な能力を駆使してくださっていることは、ありがたいことです。それと同時に、わたしが観じているのは、やはり、一つの偉大な系譜の民族の方法であるということです。ロシアの方々の生命力と叡智は、並々ならぬものがあります。肉体をもった人間としての愛と平和の暮らし方として、今の地球のわたしたちには、ありがたく、必要な生き方であるとも思います。ただ、その生活の仕方だけが地球の未来、あるいは、クリエーションへの応え方ではないとも思っています。

　未来をつくる能力は、クリエーションの本質とアライメントしている限り、わたしたちのだれもが応分に、既に稼働しているものであると思います。

　2015○、国連でのエコビレッジ・サミットに出席した、現著者ウラジミール・メグレ氏は、「祖国コミュニティは、世界中にあるエコビレッジとは異なるものであると認識した」と語られていたとのことですが、確かに決定的な違いがあるように思います。それは、祖国コミュニティの要は、思想・哲学・精神性の特性、経済性だけでなく、濃厚な家族関係、一族の繋がりにあるからであると思います。

　かたや、例えば、日本では、これまで雁字搦めになってきた家族や地域とのしがらみを超え、「族」意識や「仲間」意識から脱皮し、開かれた心で、多様な人々と暮らしの中で共創社会を実効化してゆく方向に自然に向かっていると思います。もちろん、表面的な心地よさが通用することのない、人間としての真の深化がともなうことは必然です。

　わたしにも、身近に東北で600年以上の歴史を持つ農家の24代目の方との縁もあり、家族で農産物を育て、土地を守ってゆくことのリアルは遠いことではありません。

　ソチオリンピックの前に、全巻の中で、もっとも感銘を受けた、あの、子どもたちが、すべてを運営するミハイル・ペトロヴィチ・シチェティーニン校長の学校に行き、校長をはじめ、皆さんと何日かにわたり交流することができました。学校は、ソチから遠くないテコスにありました。子どもたちが手づくりで建てた学舎も宿舎もホールも食堂も芸術性に溢れるものでした。

　訪ねた目的は、Planetary Academic Federation（PAF）の世界を繋ぐ日本からの活動として、特定非営利活動法人000ピーエーエフとして顕彰するために、「教育貢献賞」として製作した銅板レリーフを直接、寄贈させていただくことが要としてありました。その目的は、果たされ、丁重に迎えていただき、お茶をご一緒させていただいての交流の他、銅板レリーフの返礼として、シチェティーニン校長がその場に掲示してあった「エルブルス山」の写真の額装をさっと取り外して、手渡してくださいました。以来、エルブルス山は、わたしたちの活動の中にずっと生き続けています。

　また、日本の伝統的な正装を羽織っての音の奉納もさせていただきました。「これで、自分は、日本に受け入れられた気がする」と言われていました。シチェティーニン校長は、音楽の先生でもありましたので、バイアンを奏でながら、見事な力強い声で歌を歌い、歓迎してくださいました。それは、タマシイの奥底にまで響きわたり、その荘厳な部屋から地球にも空の彼方にもどこまでも伝わってゆくようでした。真の教育者といえる歴史の上でも数少ない方のお一人と思います。

　その場では、日本からの生徒の留学は、どうかとのお話しもいただき

ましたが、ビザが必要になることをお伝えすると、それから先に進むことはありませんでした。その日以外にも、学校をあげての交流会などを企画してくださっていましたが、その予定日に、学校中が停電になってしまい、それが実現することはありませんでした。

ただ、滞在中には、直接、生徒たちや卒業生、スタッフの方々との交流がありました。日本語の野外授業もさせていただきました。また、学者の方に依頼され、学校を訪れての報告書も出させていただきました。これは、現地で活用される他、後に日本から訪問した教育交流者に紹介され、日本での出合いが生まれたりもしました。

先ず、印象に残っているのは、最初に、生徒たちの自主学習室で、男子生徒たちと言葉を交わさせてもらった時のことです。当初、生徒たちに身構えるような雰囲気があったので、いぶかしく思っていたのですが、どうも、わたしたちをアナスタシアの信奉者であると思っていたようです。わたしはわたしで、この学校は、アナスタシアの世界への働きかけと考え方などが一致しているとばかり思っていたのですが、そうではないことがわかってきました。

この学校は、独自に、生徒たちがシチェティーニン校長を慕い、自らの内なる錬磨を重ね、宇宙の働きとのアライメントもごく自然な基本とし、科学も数学も語学もアートも建築も身体の鍛錬もダンスも音楽も合唱も料理も生活の規律も、全部自分たちで育て、編成し、伝承し、築き上げてきたものなのでした。むしろ、本に採りあげられたことで、詳細は知りませんが、多大な被害を被ってきたようでもありました。それらも全て、何が起きても基本的には昇華し、自分たちで現実に対応しながら存続してきたのでした。（2021○の時点では、学校が閉鎖状態になっているようです。）

生徒たちは、ほぼ自給・自活・自習していますから、真に地に足をつ

けています。すばらしい人間たちです。日本的な姿勢の傾向として、「この学校に入れたい」という保護者の発想があるかと思いますが、勉強についていける、いけないということ以上に、この学校で学び続けるということは、生徒自身の選択と自立した深いコミットメントがあるということが不可欠です。自分自身の弱さやクセや反応に気づき、正面から向かい続けるという内なる作業（インナーワークと言っていました）をそれぞれの生徒が身につけて学びを深め、共同の場を創造し、成長を自ら導いていることを目の当たりにしました。

　男子生徒たちとのコミュニケーションは、続きます。「だれもが、大地に近くなり、エコビレッジ的な暮らしをしてゆくのは、いいと思うんだけど」、「自分たちは、アナスタシアの言っていることには、賛成じゃないんです」、「わたしも、土地は、所有するものではないと思っているわ」、「それなら、自分も賛成です」という内容でした。

　キャンパスには、外部の人たちも多少出入りしていましたが、アナスタシアの写真入りの緑のパッケージ入りのオイルを扱いながら自転車で通る人の姿を冷ややかに見つめ、「ふわふわした人たち」と表現していたのには、本質的な「大人」を感じました。アメリカに住み、スピリチャルなTシャツを来て通訳をしてくれているアメリカナイズされたロシア人の姿には、精神性の退廃すら感じているようで、本人に直接、それを伝える場面もありました。

　これらは、一つのクラスでの交流時のことですので、すべての生徒が同意見とはいえません。ただ、自治をし、停電などの非常時にも、外部との対応にも、早朝から話し合い、生活を丸ごと、学ぶことの本質に集約し、自らの全存在性の陶冶に励む文字通りの学舎の担い手たちと直接、交流し、その考え方の一端に触れることができたことは、かけがえのない宝です。

　ジョージア（グルジア）出身の女の子が、自分の部屋に招き入れてくれたり、英語での会話を楽しんでくれたりもしました。わずか数ヶ月で、自習で流暢に話す事実には、驚くばかりでした。

　野外での日本語の授業は、楽しいものでした。自主的に選んで男女の生徒が参加してくれましたが、女の子たちは、若い女子ならではのカジュアルなやりとりにも関心があるようで、フレンドリーに授業の後にも話しかけてきてくれました。

　生徒たちは、運営のコアや秘書的な仕事もこなす他、食事やおやつの準備もしています。事務所で、「この子は、日本語の授業にも出たかったのだけれど、あなたたちの食事を作るために、出られなかったの。」と伝えられた時には、申し訳なさと共に、自分の意志で任務を果たしていることを受けとらせてもらいました。

　映像を見たことのある方は、お分かりのとおり、あの優美な踊りのステップを直接、コーチしてくれた女子もいました。簡単なようでいて、踊りには疎く、身体能力が退化しているわたしには、わずかなステップも数分で習得することは、とてもできませんでした。

　また、卒業生スタッフのうち、英語が堪能な男女２名の青年が、常にアテンドをしてくれました。ただの社交辞令ではなく、こちらの方からも、より本質的な会話をしたいと思い、地・水・火・風・空のロシア語、特に、空や、わたしたちが時空間認識や、クリエーションフィールドについて使用している表現などについて、ロシア語に相当するものがあるかについての深いディスカッションをさらに先輩の方たちも交えて行ったのは、深く掘り下げた実質的な経験でした。

　その他の予定は、停電の発生によってなくなりましたが、その対応の様子を少し聞かせてもらえただけで、この学校が、わたしたちがFIELDSHIP UNIVER-CITY （FSUC）の事業として行なっている「フィー

ルドシップ」の「ゼロポイント・コオペレーション」に相当するといえ
ることを実行していることを受けとることができました。それについて
は、報告書でも少し触れさせていただきました。

　空いた時間を活用して、子どもたちが創ったキャンパスの一角で、現地
で知り合った方たちに自主的な学びの機会を設けていただくことができま
した。近代的な教授学または、教育学の祖とされるチェコ出身の全人、ヤ
ン・アーモス・コメンスキー（ヨハネス・アモス・コメニウス）と共に、
現在のユネスコ（国際連合教育科学文化機関）の設立精神に大きく影響を
与えたとされているロシア出身のニコライ・コンスタンティノヴィチ・
リョーリフ（ニコライ・レーリヒ）のアートの紹介活動をロシア全土で持
続しているタマラさんのレクチャーを聴き、交流のひとときをもつことが
できました。レクチャーの中で、リョーリフの作品に描かれている「世界
の母」について、タマラさんが何度も「アマテラス」と発語してくれたそ
の響きは、今も優しく、温かく体と心に残っています。

　国連の少なくともある分野の設立には、一般のわたしたちが想像する
以上に、スピリチュアルな息吹があることを世界に出て初めて知る機会
が何度もありました。その潮流を起こしていたのは、現代社会には、ほ
とんど見ないような多分野にわたる才能を発揮し、世界の現場を歩き、
人類の存続には精神性を基本とした世界連邦の樹立が必要であることを
提唱したリョーリヒのような巨人がいます。

　世界政府については、原子力を使用した戦争が起きるまでになった国
家間までのガバナンスの危機感からアルベルト・アインシュタインが、
また、AI（人工知能）の危険性についての危機感から、やはり理論物理
学者のスティーブン・ホーキングが指摘していたことはよく知られてい
ます。

　この方向については、残念ながらグローバル経済に代表されるように、

いつの間にか、合法の名のもとに、食や健康をはじめとする世界の市民生活に多大な不利益をもたらしている構造と同様のものが、また、別の形をとる危険性があることから、望みたい未来の形ではないように思います。現存する世界○○という機関の決定は、必ずしも公正や人々の安全の方向には働いていないと思われます。

（わたし自身は、これまでの延長上ではない本来のガバナンスの萌芽が既に始まっていると認識しています。それは、人間と地球と普遍的な働きが共に織りなす社会であり、「微力」が超合的に働き合うことによって稼働する小さな渦や広域効果から始まっています。物理的な発想を超える方法が可能になり、現実の方が統治する人々を遥かに超えるような速度と方法での変容を進行中である現在、既存のパラダイムを超えた活動を実行している個人や各種機関、オーガニゼーションが未来的な連携を保った上で、イノベーションの本質を染みわたらせ、現場をコオペレーションの多様な生きたモデルとして実効化することが始まっています。自ら先進事例を拓いてきた方々は、次の展開に向かっていらっしゃいます。地元発のそのような共創の相乗作用を、わたしたちは、UNIVER-CITIESのコクリエーションを通じてライフワークとして学びながら、ファリテーションしているところです。）

　リョーリフは、舞台芸術や舞台衣装をはじめとする美術や法曹のエキスパートであり、文学・哲学・考古学のみならず、神智学の導師としても活動し、米国では夫人と美術学校やアグニ・ヨーガの協会を設立したとのことです。あの時代に、世界中を脚で歩いた生命力と叡智の探究には、感銘します。国際文化財保護条約の調印を果たすなど芸術と文化の国際赤十字となることを目指して精力的に活動したリョーリフは、その存在もその名も知らない人たちにも影響を与え続けているといえます。

　ヒマラヤの風景などの美しいアートでも知られているリョーリフですが、世界の平和の実現を願い、行動する人たちの間で知られているのは、バーガンディ色の輪の中に同色の三つの円が配置された「平和の旗」の絵です。この旗が掲げられているのを日本の外では何度か目にしたことがあります。そのことをタマラさんに伝えることもできました。

「世界の母」が「平和の旗」を掲げている姿を描いた絵は、印象深く、その本質は、不可視の領域で生きていることを感じることができます。レクチャーの帰り道、タマラさんと同乗した車の後部座席で、手と手を重ね合い、無言で交流したことが心に残っています。

　小さなアートポスターもいただきました。

　テコスのあの学校の屋根の下で、一人のロシア女性のライフワークに触れる機会が「必然の偶然」のように起きたことは、未来の開き方には、様々な方法があり、自身の本質にとってのもっとも自然な方法を自らの足で歩み続けることの確かさを確認させてくれるものでした。シチェティーニン校長の学校の生徒たちは、「エネルギーインフォメーション（EI）」という言葉を日常のものとしていました。わたしたちも日本でそれを基本語の一つとしていますので、これからの時代の世界共通文化を確認できたことは、ある意味、ふる里に帰ったような感じでもありました。まさに、すでに始まっていた未来を経験させていただきました。

　シチェティーニン校長を心底、慕い、尊敬していた生徒たち。その卒業生たちが、この世界でこれからどのように生きてゆくかの展開は、もっとも大切であると思っています。それは、世界のすべての未来世代にいえることです。未知を拓きながら、生きることをわたしも持続していきたいと思います。

　タマラさんとの交流には、モスクワで仕事をしているイゴールという男性も同席されていました。「自分が歩んで来たこの道は、間違いなかっ

た」としみじみと語り、明日から、エルブルス山に登ってくると言っていました。わたしたちがテコスを発つ日には、再び、宿に尋ねてきてくれ、エルブルス山の小石を手渡してくれました。何とパーフェクトなことかと、とてもありがたく、大切にしています。

ロシア発の芸術・文化・叡智の深さにふたたび触れ、いつまでも響きわたる一期一会となりました。

そして、「すでに始まっていた未来」は、様々に確認できるようです。西洋の科学的な知性の最先端、マサチューセッツ工科大学（MIT）のど真ん中から提起され、世界中の人々による「ムーブメント」が起きている、C・オットー・シャーマー教授「U理論」の中には、「未来」が入っています。人間が頭の中で作った未来ではなく、未来自体が出現するのを感じとり、実現する人間の意識的なあり方や手順が提示され、実践されています。

わたしは、「U理論」のエッセンシャル版（英治出版社刊）を読み、オンラインのグローバル フォーラムに参加し、u.lab 1 x 2021, edX course u.lab: Leading From the Emerging Futureで少し、学んでいるだけですので、それ自体のことについてこれ以上、ここで触れることは控えます。ただ、西洋発で、ここまでのことが現実化されていることには、安堵のようなものを覚えました。

シャーマー教授がドイツのハンブルグ近くの800年前から続く農家に生まれ、育ったことがこの仕事に大きく影響していることは、嬉しく、安心します。所有形態を家族から財団にし、「環境」「社会」「精神」の三つの間の断絶を埋めることに取り組む場とされていることには、未来の一つの実現を感じるのは、わたしだけでしょうか。農が基礎にある場からの世界の再生への取り組みです。

　その意味では、日本発のEM（有用微生物群）を通じての取り組みは、文字どおり世界の先駆けであったといえます。これからは、人間にとっての日常的な有用性という範疇を超え、微生物という存在性の本質とのコオペレーションの時代に必然的になってゆくかと思います。

３．カザフスタン共和国からの招待

　現在は、コロナ感染の伝播が人類の生活に甚大な影響を及ぼし、最大の脅威となっていますが、先日、米軍の撤退にともない、タリバンがアフガニスタン政権を崩壊させ、実効支配を始めました。市民生活、ことに女性たちは大変な危機に直面しています。他の様々なことと同時進行中ですが、女性たちが凌辱され続けているコンゴと共に、わたしたちの意識をアフガニスタンから外すことはできません。

　9.11同時多発テロから20年経った現在も、テロリストの過激な活動は、地元の人々を震撼させています。エスカレートするテロリズムは、イスラムに対しての警戒を掻き立て、町にも厳戒体制が敷かれるようになってきました。イスラム教に排他的で暴力的で残忍な印象が重なるようにもなりがちです。

　世界がイスラムに平和と真逆の姿を見ていた2010○10○18-20○、カザフスタン共和国が主催し、世界の要人や平和に向けての活動を重ねてきた諸団体の代表者、科学者、作家、芸術家などを、72ヵ国・地域から招聘し、World Forum of Spiritual Culture（WFSC：精神文化の世界フォーラム）をアスタナで開催しました。

　そこに、わたしも招待され、参加させていただくことが実現しました。一国を挙げての公式行事に招待していただいたのは、非常に貴重なことでした。日本からは、国連関連でも活動されている五井平和財団の西園

寺昌美会長も出席されていました。このカザフスタンの体験は、イスラム教のおそらく本来の清々しいものを感じさせてくれました。国としての経緯や宗教的な規律がその社会に影響を与えていることは当然ありますが、それ以上にと言っていいくらい、その厳しいまでの大自然に抱かれた風土に育まれた生命感覚が文化として深く根づいているのが伝わってきました。

　イスラム教への世界的な逆風が起きている真っ最中に、イスラムの地に、精神文化を保持している世界のあらゆる立場・種類の人々を国賓として招聘し、'TOWARDS NEW WORLD AND CREATION THROUGH SPIRITUAL CULTURE'（「新世界と精神文化を通じての創造に向けて」）をテーマとしたフォーラムを実現したのでした。カザフスタンでは、イスラム教以外の宗教の指導者たちも共に、話し合い、協力し合っていました。そこには、世界の未来、人類の明日を創造することに真摯に取り組む宗教者たちの姿がありました。

　カザフスタンには、現在が人類史上の大変な境目にあるとの、国としての認識があります。人間として進化の次の段階へと変換すべき未曾有の時を、あらゆる人類の同胞と共に成し遂げてゆくために、その道開きとなることへのコミットメントがあります。

　時が時、世界情勢の窮みの直中で、精神文化を基盤にした人類の進化、世界の文化の底上げと刷新の、国としての先駆けになろうとする志は、有難いと思います。「こんな明白なことに、なぜ、皆、気づき、共に変容してゆかないのか」という精神の叫びが聞こえてくるようです。実際、そのように明言してもいます。

　カザフスタン共和国主催のそのフォーラムの中心的な牽引者は、上院議員でもある一人の文化人でもありました。ふるさとの自然に育てられ、生命に染み込んだその息吹から世界の人類の明日、子どもたちの未来へ

の果てしない思いを湛えている方でした。その方を含んだWFSCの懸命な取り組みは、持続され、現在は、先ず、ユーラシア地域からまとまった取り組みを継続してゆこうとしています。

　そのフォーラムの開催に向け、主催する方々がどれほど全身全霊で取り組んで来られたのかを目の当たりにする出来事がありました。登壇し、熱い思いを朗々とスピーチしていた要人が、スピーチの途中で、ステージ上でバッタリ意識を失って倒れ、運ばれる一幕があったのです。一瞬、どよめきましたが、その後も粛々とプログラムは継続されました。

　フォーラムでは、参加者合意の上での「宣言書」をまとめようとしていました。開催に向け、草案ができており、その内容について意見のある人は、登壇して皆の前でその意見を述べるというプロセスが採られました。最初の草案では、現地の精神性を映し出すトーンが表現されていました。スピリットという言葉が多出してもいました。

　大切なことが入っていないという感じが否めないものでした。そう思っていると、一人の女性が壇上に昇って行き、発言しました。「この中には、ソウルが入っていません。どうぞ、ソウルを入れてください」と。それは、13人の先住民のグランドマザーとして知られるうちの一人であるニュージーランドの代表の発言でした。

　先住民の方たちの母なる地球への思いや精神性の集合としてのソウルについて、触れられていないことに、わたしも同様の見方をもっていましたので、そのセッションの終了後、思わず、そのグランドマザーのところに向かい、発言して下さったことへの共感と感謝を伝えました。「そうでしょ。ソウルが入っていないなんて。とっても黙っていられないと思って、壇上に上がって行ったのよ」とグランドマザーは、朗らかに、しかし、真剣に応えてくれました。

　宣言書は、後日さらに検討を重ねられ、WFSCのウェブサイトにアッ

プされています。その内容は、改訂の余地はあると思いますが、できう
る限り多様な精神文化を尊重しようとしていることは、読み取れます。

　ところで、一市民であるわたしが、なぜ、国賓の一人としてそのよう
な場に招かれることになったのでしょう。それは、カザフスタンの要人
たちに、アート、書くこと、対話、そして本質を外さない市民活動の重
要性についての認識があり、尊重する懐の深さがあることが一つには挙
げられると思います。

　もう一つには、何といってもロシアの学術・文化団体からの強い推薦
と後押しがあったことにより、実現しています。ロシアの学術界の方た
ちとの交流は、主には、現地での僅かなものですが、その全人的探究姿
勢は、現在の西洋文明では経験をしたことのない性質のものです。
「フィールドシップ」の基本的な理解が既に、稼働しています。

　蛇足ですが、モスクワ大学からの学術交流でわたしの母校でもある中
央大学の社会科学のある研究室に来日されていた教授がいらっしゃいま
す。この機会に、是非、この人に会いたいと強く希望され、研究室から
の連絡で、日本での対話をさせていただいたことがあります。わたしの
探究実践は、NPO活動以外ほとんど表立ったものではありませんので、
よほどのレーダー探知力がないと接点は生まれないように思います。そ
の探知力をもった全人的な学術者が、ロシアには多く存在するというこ
とです。それは、全存在的文化ともいえます。

　このように、未来からの絶妙な縁の連なりにより、ロシア経由でカザ
フスタンに行かせていただくことができました。実際、わたしは、フォー
ラムの中の次のような分科会の会議のメンバーとして参加をしました。

'Global Strategic Initiatives: The Noospheric Ethical/Ecological

Constitution for Humankind' (「グローバル戦略イニシアチブ: 人類のためのヌースフィア的倫理/生態学的憲法」)

　ヌースフィアは、「人智圏」、「精神圏」、「思考圏」などと訳されます。ソ連の鉱物学者であり、地球化学者であったウクライナ人のウラジミール・イワノヴィチ・ヴェルナツキーによって提唱された概念です。また、フランス人のカトリック司祭、古生物学者、地質学者であったピエール・テイヤール・ド・シャルダンによっても広められました。

　それは、地球の生命活動は、ジオスフィア（岩石圏）、バイオスフィア（生物圏）の次に、人間によって形成されるヌースフィアに影響を受けることを意味します。西洋科学的には、これは、科学として認められていないという言を下す人たちがいますが、地球の現状は、明確に、人間の思考が地球の活動に影響を与えていることを示しています。

　また、シャルダンは、人間の進化は、生物学的な進化の次には、精神の進化、すなわち、意識圏の進化へと移行し、究極点であるオメガ・ポイントに向かっているとしています。

　この分科会を仕切り、わたしを含め、世界からの識者などを招集したのは、ロシアの学術グループの代表である法学者でもあり、オペラ歌手でもある女性リーダーでした。この分科会が開催されたのは、カザフスタンの国会が開催される半円形の階段状の会場でした。主催者であるカザフスタンの担当者も同席する中、憲法の草案についての様々な意見が出されました。

　ヌースフィアをフィールドと文章上表現することについて、科学者からは、スフィアとフィールドは別ものであることが指摘されました。

　また、その当時は、米国プリンストン大学の現役で、「地球意識プロジェクト」を推進していたロジャー・ネルソン教授の科学的な発表もあ

りました。乱数発生器を使用しての世界規模の計測では、地球上で、9.11などの重大事件が起きた時に、世界各地から収集されているデータには、平時との明白な有意差が確認できるとの表明です。このことから人間の意識が可干渉性となる時、ランダムなシステムの振舞いにも変化が起きうると示唆しています。

「地球意識プロジェクト」では、積年の世界各地からのデータ収集とその分析から、これは意識の統一場、すなわちヌースフィアが現れつつあるといえるのではないかとし、このことはあらゆる文化の賢人たちによって記述されてきたことであると指摘しています。

　ネルソン教授とは、歓迎宴の小円卓の隣席に座らせていただく指定となっていたため、自己紹介をし合うことができました。'FIELDSHIP' と印字した、小さな缶バッジを持参していたため、取り出して差し上げると、すぐに受け取って下さり、「わたしの科学の同僚たちは、なかなかわかってくれないんだ」とひと言おっしゃいました。「もちろん、これは日常のことですよ。」とお伝えしました。

　ヌースフィアの憲法検討会の議場でわたしの隣に座っていたのは、INTERNATIONAL ASSOCIATION 'PEACE through CULTURE'（「文化を通じての平和」国際協会）のスイス代表の女性たちでした。この協会のロゴは、リョーリフの描いたあの「平和の旗」です。わたしもちょうど手描きの「平和の旗」のアートを持参していましたので彼女たちと一瞬ですが、交流をすることができました。

　あらゆる違いを超えて、わたしたち一人一人が真に平和な心で、必要な場面で必要なことに協力し合えるかは、現実世界の平和の再生の必須であると思っています。掲げていることと実際とのギャップが、通用しないのは当然のことであり、それで通用するようなフィールド環境あるいは、風習や事業文化であったことが悲惨な現実の根にあると思います。

　それは、福祉や教育活動や経済活動にもいえることです。

　わたしは、主に「フィールドシップ」による方法をライフワークとし、暮らしの現場を基礎としています。共に、「未知を拓こう」とする人たちが存在することはありがたいことです。数人であったとしても、それがある程度伝わるまでに長い期間が必要でした。

　カザフスタンでの会議以前には、この学術グループによるヌースフィアを主題とした英語書籍がオンライン出版されていました。わたしも寄稿しました。日本では、新時代の準備ができている事業者や機関と出合うことがあるとすれば、今後であると思っています。また、僭越ながら、海外の先見的な眼から見ると、国もさることながら、日本の機関の中で真に世界の未来を着地する役どころの準備ができている法人はほとんどないといえるように思います。

　例えば、ヌースフィアは、非常に基礎的な常識とする課題の見方とアプローチ方法です。000を基調とした法人事業としてわたしたちがコオペレーションしているのは、アライメントをしたすべてのフィールドの働きといえます。その上で、生活の現場での共創をもっとも大切にしています。

4.「ラダック叡智のフォーラム」

　ラダックは、ヒマラヤ山脈とカラコルム山脈の間のインダス川の源流域に位置する乾燥した高山地域です。夏は短く、冬は、雪と寒さの期間が長いため、生活環境は、大変厳しいですが、1300年にわたり、地域で支え合いながら、お金のない自給自足生活を続けていました。現在、世界が希求する環境に負荷のない持続可能な生活の典型をずっと続けていたといえます。現在は、インドの連邦体制での準国家的行政組織である

ラダック連邦直轄領となっています。

　近現代では、1974年より以前は外国人立入禁止地域であり、登山家などの夢の秘境であったそうですが、ひとたび、外の文化の流入が始まると、僅かの期間にラダックの人々の生活は、グローバル化の影響を強く受けるようになりました。村の高齢者たちが昔ながらの暮らしを保っている場合もありますが、高等教育を受けに村を離れ、卒業した若者たちも学習したことを生かせる就職先は、ほとんどなく、それまでラダックに存在しなかった自殺などが発生し始めているのは、残念なことです。

　ラダックについては、ヘレナ・ノバーク・ホッジ著『懐かしい未来』（原題：ANCIENT FUTURES - LEARNING FROM LADAKH、山と渓谷社刊）が世界的に知られています。1974年にドキュメンタリー映画の取材で初めて入った時には、皆、幸せで笑顔にみち、「貧しい人なんてここにはいない」と語っていたのに、何年か後には、その同じ人が、「自分たちは、とても貧しく、遅れている」と、セルフエスティーム（自己肯定感）が極めて低くなっていたのに衝撃を覚えたとのことです。いかに、近代西洋文明に端を発した文明が、物質的な豊かさや便利な暮らしで「幸福度」を侵食してゆくのか、目の当たりにしたということです。

　その後、ヘレナさんは「幸せの経済学」を提唱し、DVDを発行する他、世界のローカリゼーション活動をネットワークする国際的なNGO「LOCAL FUTURES」を創設し、その日本での活動も様々な団体やネットワーク、地域活動の協力で持続されています。その核には、スローライフ運動で長年尽力されているナマケモノ倶楽部があり、NPO法人グリーンズ、NPO法人「GEN-Japan」、NPO法人「トランジッション・ジャパン」、日本労働者協同組合（ワーカーズコープ）連合会などがイベント時の実行委員会を結成しています。イベント内容には多くを学び、個人的には参加もさせていただいています。

　わたしたちのNPO法人としては、経済やローカルに限らず、どのような立場の方々も「ここぞ」という場面で必要な現場の刷新に協力し合えることを趣旨としています。ローカル・グローバル・ユニバーサルがアラインメントした多様な再生や創生が必要であると共通認識しているため、言語化すれば、「生命の可能性の互いの尊厳をどのような状況下でも侵さない」ことをコアとすることだけが法人活動の基本となっているといえます。二項対立のどちらかに拠るスタンスをとることはしていません。

　ただ、現代社会においては、不公平極まりない経済活動が、現地の悲惨な武力行使やコンゴでの女性への言語を絶する残虐行為の極致が根深く続く温床ともなっています。レアメタルの採掘や輸出用の特定の農産物生産への偏りが現地の生態系を壊すだけでなく、現地の人々の暮らしをズタズタにしてもいます。伝統的な自家採取の種で農業をすることが現地でできないような法的な施策をグローバル経済の影響下にある国家がとり、循環の手仕事を封じるまでになってもいます。

　このような現況では、現実的にとりうる重点課題への取り組みの基としてローカライゼーションは必然とも、わたしは思っています。何よりローカルは、持続可能な共生社会への本気の現場といえます。人間が生きる叡智を回復し、現実化する本質的なエデュケーションのゲンバであり、学びと仕事と暮らしと生きる豊かさを共創するユニバー・シティズの様々なモデルの足元でもあります。

　実は、当初、わたしは、ラダックに自分自身が行くつもりは、まったくありませんでした。NPO「GU」として、現地のレーでの「和カフェ」の開設に、相応の寄付をさせていただき、日本茶や茶碗なども皆で運んでいたのですが、現地の事情で頓挫してしまったことから、みんなの志と協力を水泡に帰さないために、現地で直接、実質的なことを行う必要があると判断し、ラダック入りしました。中国、パキスタンと接するイ

ンド領でもあり、地政学的にも要となる地域であるとの認識もありました。

　わたし自身が現地に行くのは一度きりと腹を決め、連携する複数のNPO法人には、協力をいただきながら、責任とリスクは自分でとれるよう、2社で運営し、代表を務めるFIELDSHIP　UNIVER-CITY（FSUC）が総合主催し、2013○に、LADAKH　WISDOM FORUM（LWF：ラダック叡智のフォーラム）をUNIVER-CITY LADAKHの場で開催することができました。

　これは、次年度以降の開催の持続可能な礎となるよう、ソフトテクノロジーの観点からも取り組み、初回は、UNIVER-CITY LADAKHの代表としてSEBoL（Socially Engaged Buddhist of Ladakh）の代表であるオッツアル・ワングダスさんが現地での主催の先頭に立ち、日本とラダックの架け橋として活動し、NGO JULAY LADAKH代表として日本の他地域のUNIVER-CITIESでの共創経験もあるスカルマ・ギュルメットさんは、現地案内や通訳の仕事も兼ねて尽力してくださいました。LWFの発起に至るわたしの出だしは、次のようなものでした。

「ラダックの人たちの暮らし方から学ぶのであれば、ラダックの人たちから直接、学び、語り合い、ラダック発の叡智を確認し、これから生まれる叡智も共に育てるきっかけづくりをしたい。ラダックの人たちの中にも新たな視点での世界との共創文化がさらに育ってゆくように。また、すでに地元の文化や生活に天然的に根づいているEDUCATION FOR LIFE（EFL）や「フィールドシップ」が、現地からより普遍的な文脈で伝わることが、ラダックの新たな現実的な共創の可能性を生み、若い人材が活躍する場を広げてゆくことにも繋がっていったら」と。

　2013○の第1回LWFは、事前のオンライン・ミーティングを重ね、

"SPROUTING SEEDS OF WISDOM"（叡智の種を芽吹かせる）をテーマにレーのゲストハウスで開催されました。FSUCとして招待状を送り、政治家、宗教者、哲学者、教育者、詩人、芸術・文化関係者、経営者、農業者、女性団体代表、女性ジャーナリストなど、可能な限り多様な立場、世代の方々約20名に出席していただきました。

　招待状には、ラダック叡智のフォーラムの目的を次のように記し、以後、毎年、招待状を作成してきました。

　　　The purpose of LWF is to　（ラダック叡智のフォーラムの目的は以下のことです）：

1 Remember, Restore and Re-Empower the LADAKH LONG-LASTING WISDOM.
　（ラダックに長く保持されてきた叡智を心に留め、回復し、再び力をもたせること）

2 Enrich and Expand the LADAKH WISDOM to cope with the modern world and compelling issues.
　（現代世界と切迫する諸問題に対処するために、ラダックの叡智をさらに豊かにし、発展させること）

3 Wisdom of the world to be gathered and synthesized in Ladakh and sent out to the world from LADAKH.
　（世界の叡智がラダックに集まり、総合的にまとめられ、ラダックから世界に送り出されること）

　2013○5○15○の第 1 回、日本からは、中小企業の経営者、NPO 法人の
コーディネーター、フリースクールのパイオニアなど数名が参加・発言
し、ラダック式の座談フォーラムで、ラダックと日本の現代問題、その
原因と解決法について互いの意見や叡智を分かち合い、これからのラダッ
クについて忌憚なく話し合いました。実質的で、生きた「ラダック叡智
のフォーラム」となりました。日本からは、福島の現状、経済優先に傾
くと陥る落とし穴についても語られました。

　ラダックのこの場でも感動的であったのは、イスラムの名を冠したテ
ロ活動が世界の脅威となっていた最中、「ラダック叡智のフォーラム」で
は、やはり、イスラムの師と、仏教者が隣り合わせに座り、和やかに語
り合い、その他の様々な立場の参加者もありのままに思うところを発言
し合っていたことです。それは、普段のとおりであることが伝わってき
ました。

　イスラムの師は、質素な穏やかな方で人間の在り方としても人望があ
ることがわかりました。師が語っていたひと言が未だに心に残っていま
す。「それぞれの宗教の人は、その教えのとおりにすることを実行してい
くようにすることだ」と。その言葉には、イスラムの教えは、平和的な
ものであることが示唆されているように思われました。

　当時、ラダックの地元のメディアは、手づくり色が濃かったのですが、
LWF の開催内容は、新聞、ラジオ、テレビで放映され、わたしたちも滞
在先で目にすることができました。

　開催後、LWF の地元主催者であるオッツアルさん、スカルマさんと共
に、世界へのシンプルなアピールの内容を話し合い、まとめたものは、
別ページに掲載のとおりです。

左から、オッツアル・ワングダスさん、著者、スカルマ・ギュルメットさん

LWF地元主催のSEBoLのメンバーとコクリエーションする日本からのFSUC参加者

An Appeal for Action to the World

Honoring the wisdom of ancient, modern and future with respect to nature,
Ladakh Wisdom Forum (LWF) would like to make our appeal to the world as follows:

We, as the unanimous of who have gathered here with various religious, professional
and experiential backgrounds of many generations of both genders, appeal to the world
that

**WE SINCERELY WISH FOR THE PEACE AND HAPPINESS OF ALL HUMANITY ON EARTH,
REGARDLESS OF THE DIFFERENCES IN RELIGION, CASTE, CREED, COLOUR, RACE AND GENDER.**

THE KEYS OF ACTION FOR A SUSTAINABLE WORLD AND HAPPY LIFE ARE:

· **SIMPLICITY AND CONTENTMENT**

· **MORALITY FOR HAPPINESS OF ALL**

· **PRACTICE OF MIDDLE WAY IN ALIGNMENT WITH UNIVERSE**

· **WHOLISTIC EDUCATION ON OUR PLANET EARTH**

· **AGRICULTURE AND ECO-FRIENDLY PRACTICES**

· **LOVE AND CARE FOR NATURE**

May 15, 2013
at Ladakh, Jammu and Kashmir, India
LADAKH WISDOM FORUM

世界に向けての呼びかけ

自然を尊重し、古来・現代・未来の叡智を栄えあるものとしながら、「ラダック叡智のフォーラム」(LWF) は、次のとおり世界に向け、呼びかけるものである。

ここに集った男女両性の多世代かつ、多様な宗教的、職業的、経験的背景をもつ私たちは、全員一致して世界に向け、宗教・カースト・信条・肌の色・人種・性別の違いを問わず、地球上の全人類が平和で幸福であることを心より願っていることを表明いたします。

持続可能な世界と幸福な生活への行動の鍵は、

· シンプルであり、足るを知ること

· みなの幸福のための道徳性

· 宇宙にアライメントした中道の実践

· 惑星地球でのホリスティックな共育

· 農と環境に優しい諸実践

· 自然への愛とケア

2013年5月15日　インド、ジャンムー・カシミール州ラダック
ラダック叡智のフォーラム

「ラダック叡智のフォーラム」から世界への行動アピール

　その他、わたしにとっては、一期一会の現地交流でしたが、地元の1500名規模の小中高一貫校での朝礼あいさつや、PCFという暦としても働くことができるオリジナルシートを導入してのモデル授業も、高校生たちに行うことができました。高校生たちの授業に臨む姿勢はとても礼儀正しいものでした。授業が終わると、アメリカのポップ音楽などに心が飛んでいる生徒もいたようです。YouTubeなどにより、ポップカルチャーは、一部の高校生たちの日常世界の大きなところを占めているようでもありました。

　グローバル化の波が、いかに世界の若者たちを同様のスタイルに呑み込んでしまうのかを目の当たりにする思いでした。この高校の校長先生もLWFに出席されており、別の機会に対話する機会もいただきましたが、「手づくり」で家を建てた日本の家族の話が出た際に、とても身を乗り出すように反応され、「それは、本当に大事です。ラダックでも今の子どもたちに必要なことです」と心から共感されていました。

　ただ、子どもたちにとっては、今となっては、重労働感があって、かつての当たり前は、もうすでに、当たり前ではなくなっているようにも思います。それも無理はないかもしれません。だからこそ、「大切で必要」という先達の発言の真実味が伝わってきます。

　それでも「自分の家は、自分と家族や知り合いで汗して建てる」のがまだまだ現役のラダック。「世界には、経済大国にもホームレス、家のない人たちがいる。ラダックには、住む家のない人はいない。」と、ラダックでは、豊かさや貧しさの本質について学ばれています。

　自ら選んで、自分の中のラダックへの思いを燃やし、「自分たちが古くから続いてきたラダックを知り、継承する最後の世代だ！」との自覚と意気込みで実践的な叡智を継承しようとしている若者たちと出合えているのは、嬉しいことです。

　オッツァルさんのご家族にも自宅に招いていただき、温かい丁重なおもてなしを受けました。スカルマさんのお母さんともお会いすることができました。環境を護り、オーガニック農業を推進し、ラダックの道徳や精神性の風化と人々の繋がりの希薄化、文化の退廃に歯止めをかける活動を全身全霊で実践している二人と、そのそれぞれのメンバーや関係者の腹のすわった熱い眼差しと行動がとても印象に残っています。共通の方向性に向け、「世界への行動アピール」に沿ったライフワークは、地球の現場でそれぞれ続けられています。

　毎年NPO「GU」やピーエーエフの共創者の方々の深い志に支えられ、その後、NGO JULAY LADAKHさんとの共創も始まり、「ラダック叡智のフォーラム」は、地元の方々の中にも毎年恒例で参加して下さるほど定着し、2020○は、現地ではなく、日本プログラムを準備していたところ、コロナとなりました。それまでに開催された次の内容は、映像にも残していますが、現地のメディアには、毎回掲載されています。

◉2014○5○25○　第2回ラダック叡智のフォーラム（LWF）
　"Nourishing the Seeds of Wisdom Locally and Globally"　（地元でも地球規模でも叡智の種を育む）
　ラダック5校の現役高校生200名以上が参加し、ゲスト、先生、メディア関係者など総勢300名以上が参加。生徒自身が学校で実行するアクション・プランも話し合われ、最後は、ラダックの伝統ダンスを皆で踊り、大きな歓びと豊かな交流会となりました。

◉2015○7○25○　第3回ラダック叡智のフォーラム（LWF）
　"Taking Care of The Seeds of Wisdom Locally, Globally and Universally"　（地元で、地球規模で、あまねく叡智の種の世話を）

農業問題や有機農業に関心のある農家、学生、女性グループ、長老など70名以上が参加。

NPO 000 ピーエーエフからは、連携しているカナダのNGOでインドネシア、カンボジア、ブラジル、マレーシア、ペルー、タイなどの草の根レベルの地球市民活動を力づける活動をしている「ザ・パラダイムシフト・プロジェクト」代表に現地に行き、フォーラムの基調講演をしていただきました。GUからは、コーディネーターが共創し、日本の福島の現実を伝えました。

◉2016○6○11○　第4回ラダック叡智のフォーラム（LWF）
　"INNOVATION FOR LIFE "（生の刷新）
レー近郊のイスラム教徒の多いチュショット村のオーガニック農場Ladakh Organic Farmers Foundation（LOFF）で開催。LWFの現地コア運営者は、仏教徒が多いのですが、この企画が実現できたのは、友好的な共存がラダックでは実現しているからです。

◉2017○5○20○　第5回ラダック叡智のフォーラム（LWF）
"Be A Pioneer, Work It Through And Blossom Your Community"（パイオニアたれ、それを貫き、コミュニティを花開かせよう）
レー近郊フェイ村のオルタナティブスクールSECMOL　（The Students' Educational and Cultural Movement of Ladakh）で開催。ゲストスピーカーは、UNIVER-CITY OHSHIMAから参加した阪本章裕、阪本鏡子夫妻。　タイトルは、"RISE TO LIVE "（生へと立ち上がる）で、日本で昔ながらの塩づくりが規制され、食塩までもが工業化された時、日本の人たち皆の健康を深く懸念し、素人から創意工夫し、海塩をつくってきた歴史が語られました。共に暮らしている

数十名の生徒たち、ボランティア、日本からの参加者など、大勢が参加しました。

◉2018○5○26○　第6回ラダック叡智のフォーラム（LWF）
"Co-creating Sustainable Local Economy"　（持続可能な地域経済の共同創造）

中心地レーのアルチキッチン（女性たちが起ち上げ、運営するラダック伝統料理のレストラン）で開催。ラダックで起きてきた地元発の起業について、課題などが話し合われました。かつては、ラダックでも作られていた蕎麦の栽培の復活が試みられ、JULAY LADAKHさんの支援で、少し前に日本から蕎麦打ち職人さんたちがラダックに行き、現地で蕎麦打ちを伝え、蕎麦の試食なども行われたとのことです。

◉2019○9○　翌年のLWF 日本プログラムに向け、説明会と公募が現地で開始されました。

第2回目より、現地でのLWF開催に使用され続けてきた、LWF「世界への行動アピール」、GUの「 BE運営モデル」、FSUCの「000 639 OOO 設定」の３枚のボードをシェイ村のゲストハウスに設置し、保管していただくことになりました。これは、世界のUNIVER-CITIESや地球住民との共創に、役立っていけばと思っています。

LADAKH WISDOM FORUM（LWF）より「世界への行動アピール」

000 PAF GLOBAL UNIVER-CITY（GU）NPO：BE モデル

FIELDSHIP UNIVER-CITY (FSUC)

FIELDSHIP is the over-unifying workings of the FIELD itself.

Fieldship is the way to relate with matter by collaborating and cooperating comprehensively with the coordination of the Field itself. It recognizes that every phenomenon is always influenced by the workings of the larger and finer field from invisible to visible.

UNIVER-CITIES are where learning, living, working and loving are enjoyed in the spirit of Cocreation of the Uni-verse.

FSUC Cooperates with 000 639 OOO

000 : ever self-generating creation energy of the universe

639 : workings in the universe which over-unify* meetings of the opposite or different operations

OOO : state of living where individual workings are naturally self-coordinated with the dynamic harmony of creation

*To over-unify is to generate enhanced energy and function out of the field as a whole, by receiving a certain transmission at the state of zero.

FIELDSHIP UNIVER-CITY : 000 639 OOO

　ラダックへは、LWFの開催を核として、毎年のように現地に入り、現地でのボランティアを含み、ふるさとのような親しみをもって交流を重ねてきたコクリエーターもいます。EDUCATION FOR LIFE（EFL）を現地の学校などで簡単に紹介したり、EARTH　JOURNEYというMALCとして発行した地球の共通言語としての「英語学習共材」をラダックのセクモルSECMOL（The Students' Educational and Cultural Movement of Ladakh）、エフタスクール（Efterskole Welfare Society）に寄贈したりしています。

　EARTH JOURNEYは、その他、南インド・ケララ州のミトラニケタン（Mitraniketan）、デンマークのインターナショナル・ピープルズ・カレッジ（IPC）などの教育機関に寄贈されています。神奈川県相模原市の民家でも、手づくりの学びが始められようとしているところです。（「ふる里の夢みのり」さん　https://www.sagami-portal.com/hp/dnt10099/）

ラダックといえば、「氷の仏塔」のイノベーティブな高山環境の中での地域の持続可能性への取り組みで世界的に知られるソナム・ワンチュク（Sonam Wangchuk）さんの取り組みもあります。（Himalayan Institute of Alternatives, Ladakh（HIAL）https://www.hial.edu.in）

わたし自身はお会いしたことはありませんが、大島から「塩の人」として訪問していた阪本夫妻に会うために、多忙な中、時間を作って交流してくださいました。『きっとうまくいく』というアマゾンプライムで視聴可能な人気のインド映画のモデルになった人です。

急速に進んだラダックの画一教育の課題からの改革運動に若者たちと取り組み、共同生活で学ぶSECMOLを設立した彼は、現在、同じ地域にエコソリューションを視野に入れたオルタナティブな大学の設立を目指しているところです。ソナムさんには、GUコーディネーターを通じて親しみを感じています。

5．カワネ・ワールド・フォーラム

「カワネ・ワールド・フォーラム」とインターネットで検索していただくと、https://000paf.orgをはじめ、地元発の様々な発信の足跡が確認できると思います。

10年10回にわたって、地元と全国のNPO関係者の共創で実施した、世界を視野においた過疎の中山間地域の活性化に向けての取り組みです。

静岡県の大井川流域の川根地域に、わたしは、四半世紀にわたって通い続けてきました。

地元の地主さんから限界集落の活性化の要望があり、知り合いからわたしに声がけがあったことがきっかけです。ある時までは、本籍も現住所も移すまでの取り組みをしていました。本著のタイトルである「未知

を拓く」のあらゆる面を体験し、人間として、ギリギリを超えた学びをさせていただいてきたのが、川根町といえます。宝の町です。

　現在では、世界でも日本でも多くの方々が、人類が築いてきた地球での暮らしぶりが持続可能なものではなく、地球社会としての変換を経なければ、存続がほぼ不能であることを認識し、必死の努力をしています。わたしが川根町に通い始めた1997〇当時は、まだ、生命としての危機意識をもって、地球文明の視野で、できうる限りの生き方や仕事の仕方の変換を実行している人は、稀でした。プラネタリィな視点が基本といえるような社会活動は、日本発のものには、ほぼなかったといえるのではないでしょうか。世界では、グローバルエコビレッジのネットワーク運動などが今日に至る先駆的な取り組みといえるかと思います。

　車の運転もしないわたしが、タクシーもない川根の山あいに通うことは、顕在意識の判断や、自分個人の都合を勘定に入れることが微塵でもあれば、絶対にしないことでした。当時は、「地球の未来、さらに無限の未来に向けて、自分に必要とされることは何でもする」と深く決心していたため、他者からの評価を超え、わたしにできる限りのことを誠実に続けるのみでした。

　その中での経験は、生やさしいものではありませんでした。今日では、地方への移住や二拠点生活などは、国や自治体の推奨や施策にまでなり、一般化されていますが、前世紀末は、警戒や違和感が先に立っていました。オウム真理教の事件の影響も大きかったと思います。地方移住をして、地元に馴染むのに様々な経験をしてきた方々もいらっしゃると思いますが、わたしもいろいろな経験をしました。

　川根では、2000〇に、神戸での世界サミット後、地元の有志の方々がホスト役になって下さり、世界のゲストを交えての教育講演会も開催させていただきました。その後も、海外ゲストを招いての3日間にわたる

「世界教育フォーラム」を、当時の町長や町のキーパーソンを交え、農業、製造業など全国からの参加者と共に、開催するなどしてきました。

その後、吹き荒れたのは、平成の大合併の方針をめぐる、町を二分する動きでした。「合戦」の雰囲気とは、こういうものかと肌で感じました。この時、全国初といわれた町長と町議会のダブルリコールが成立しました。それも今となっては、町が元気であった証です。その後、2008、川根町は、島田市と合併し、自治体としての川根町は無くなりました。その寂しさは、はかり知れません。長年、聞き慣れ、生活の一部になっていた町内放送の最後の夕方の回、馴染みのある声の聞き納めは、わたしにも感慨深いものがありました。

そうです。この町には、数軒の集落も数十軒の集落もあり、集落や町としての存続性への岐路に立っています。そのことを自覚し、現実的に歯止めをかけようとしているのは、主には、青年団と青年団を卒業した先輩たちです。関係人口の中に入るわたしたちにもふる里のようなこの町が、しなやかな取り組みで移住希望者にも住みやすい町になり、「住んでよし、育ててよし、起業してよし、皆によし」の「四方八方よし」の町になってゆくのを見届けてゆきたいなあと思っています。

2009○、NPO 000 ピーエーエフとして、わたしたちは、カワネ・ワールド・フォーラムの前身である静岡県島田市川根地域再生交流企画「楽しく豊かな地域再生」第1回シンポジウムを主催しました。

この第1回の会場使用申込には、「ずっと一緒にやりたかったんだ」と語られていた今は、故人となった地元の手揉み茶の名人が、共に臨んで下さいました。地元有志と共に始まったカワネ・ワールド・フォーラムへの事始めです。

基調発言は、ピーエーエフの国際担当の若手から、「川根から世界へ：ひとりの決心とみんなの夢」。パネリストは、地元からは、長年、有機で

緑茶と和紅茶を生産してきた茶農家の方。この方も故人となりました。若い頃から、町を思い、茶農家を全うしながら過疎の山奥から車を走らせ、様々な地元の活動を懸命にされて来られた人徳者です。晩年、絞り出すような声で、眼を炯々とさせながら、「日本は滅びてしまう」と近年のその状況を憂慮されていた姿が忘れられません。

　青年団のコアの方たちとの交流を深め、その代表にも登壇してもらいました。メンバーが激減していた地元青年団の灯火を25歳で受け継ぎ、天王山での毎夏の音楽フェスを立ち上げる他、5000人台の人口の町に、本物の文化をもたらすために、歌舞伎公演まで実現してきた、ふる里愛のマグマのようなリーダーです。ラブリーホースガーデン（LHG）という乗馬倶楽部を起業した社長でもあります。

　町外からは、伊豆大島で当時30年以上にわたり海塩を手作りし、自宅も家族で建て、和の里としても島内外の方たちを迎え、交流してきたご一家の代表に登壇していただきました。娘さんやお孫さんも参加されました。

　この第1回の実施は、フォーラムの体験があまりなかった地元の方々との新たな共創の第一歩となりました。

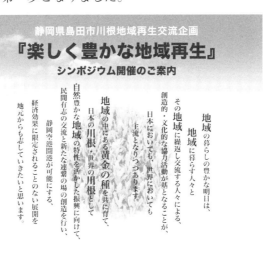

静岡県島田市川根地域再生交流企画
『楽しく豊かな地域再生』
シンポジウム開催のご案内

地域の暮らしの豊かな明日は、
その地域に繁り返し交流する人々による、
創造的・文化的な協力活動が基となることが、
日本においても、世界においても
主流となりつつあります。

地域の中にある黄金の種を共に育て、
日本の川根・世界の川根として
地域の特性を活かした振興に向けて、
自然豊かな地域の特性を活かした連携の場の創造を行い、
民間有志の交流と新たな連携の場の創造を行い、
静岡や港開港が可能にする、
経済効果に限定されることのない展開を
地元からも志していきたいと思います。

　第2回の2010○は、静岡県島田市川根地域振興交流企画「ハートの夢みのり・川根」ライフワーク発見フォーラムとして開催。この時期を含め、2000○以降は、常に海外での活動と並行して、川根に通い、続けていました。様々な変遷もありましたが、海外を含む多拠点生活がライフスタイルとなっていました。

　第1回目を経験し、第2回目は、地元から青年グループ、地元のまちづくりNPO、商工会、GUも共に「世界に川根を」実行委員会を構成し、共創しました。「日本茶の未来へ」をテーマとした基調講演は、「茶恋路by 川根バージョン」と題して、静岡初ECOCERT（EU）、NOP（米国）、JAS（日本）の全認証を取得していた、当時、全国最年少青年農業士であった葉っピイ向島園の園主に話していただきました。亡くなられたお父さんともわたしは、交流があったため、感慨深いものがありました。「ライフワークって何だろう」のテーマでは、ロシアの体験からGUが、カザフスタンの経験からピーエーエフが発表させていただきました。

　フロアー参加者との交流や、ホワイエでのブース出店も導入したところ、ライフワークがテーマであることから、他地域からも駆けつけて発言してくださった方もいました。中でも感動したのは、当日参加した地元出身のUターンの青年参加者が、実家の茶農業への思いや、ふる里への想いを、熱く語ってくれたシーンでした。その人が、翌年からのフォーラムのコアに加わって共創を育ててくれるようになりました。

　第2回のフォーラム開催までに、地元の青年団代表たちとの準備の中で、学ぶことも多くありました。「一緒につくりあげること」が大事だということで、「ハートの夢みのり」をテーマに、大きなモザイクタイルアートを企画し、何回にもわたり時間をかけて一緒に作りました。朝日段という眺望のいい丘の一角に、地主さんの意志と賛同と共に、川根の新たな観光スポット「ハートの夢みのりの丘」が誕生しました。インス

タ映えします。

　これは、「夢をみのらせるために行く」のではなく、「夢をみのらせた人たちが行く」丘です。その幸せが遠くの地域にも巡ってゆくようにという願いと共に、力を合わせて設置させていただきました。この「ハートの夢みのりの丘」で結婚式を挙げたカップルもいます。手づくりのケーキ作りや料理で、共に真心を尽くして祝わせていただいたのも、忘れられないハートの歴史の一コマです。

『ハートの夢みのり・川根』
ライフワーク発見フォーラム 開催

地域で動く　青年たちが　少なくなっても
ふるさとを　愛して
熱く生き　行動している先輩たちがいる

今までの　仕事が
これまでどおり　行かなくなっても
新たな　水平線を
切り開こうとしている　大先輩たちがいる

川根は
何てすてきなところだろう
だから　全国各地から　応援団が通ってくる

日本のお茶を世界に伝える　ライフワークは
父から息子に　受け継がれている

静岡のそして　日本中の　輝く人たちが
年に一度　川根での　再会を
楽しみにしていけるよう　開催します。

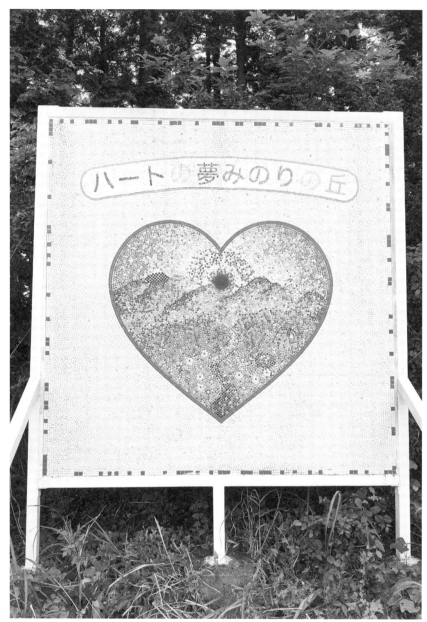

川根の青年たちとNPOとで、共に手作りし設置したモザイクアートの看板（朝日段）

　第3回の2011○は、3.11の東日本大震災のあった秋に行われました。毎年、ボランティアでNPOとして仙台から共創に来ていた方たちは、久しぶりのゆっくりとしたお風呂を島田、川根で味わえたシーンもありました。地元での息の長い復興過程と共に、ご自分たちのライフワークとして、川根での共創も持続されています。正直言って、10年、20年と遠方の地域に通い続けるのは、並大抵の決心で続けられることではありません。

　何らかの見返りや、思惑がなければ、無償でこんな何もない山あいの町に関わり続けるはずがないと不審に思う人がいるのは、かつては、無理もなかったのかもしれません。でも、今は、新しい公共的な社会的な活動を底抜けのスタンスで実行する人たちがたくさん現れ、手当てし、共創してゆかなければ、どの規模の社会も既存の延長では、立ち行かないことが明らかになっています。

　そのようなことに、少し、早く気づき、どの地元も「地球社会の現場」との思いで、有志と共にライフワークとして本気で取り組んできただけです。何十年か前には、想定していなかったような、現在のようなライフスタイルのシフトに、社会自体が直面し、次世代への負の遺産の払拭に少しでも自分ごととして取り組み続けることにコミットしている方々も、多く存在するようになっています。そのような方たちと、日常的に直接ではなくとも「いのち蘇る未来社会の共創」へのコオペレーションの潮流を開門し、「開拓期」から「生きがいの共有」の時期への移行を確認してゆけたらと考えています。

　そのひな型として準備してきたのがUNIVER-CITIESです。分野や世代を超えた市民活動のプラットホームとして地域に根ざし、地球規模の視野をもち、ユニバーサルな配慮を備え、権限や縦割りや転勤や退職の限界に左右されない生活圏の市民共創といえます。

　フォーラムの開催について、何か具体的な目安があったかといえば、第1回の発起の時からありました。それは、世界の中で、ポジションもパワーも、経済力もあるエリートたちが毎年集まる、西洋発のスイスのダボス会議（世界経済フォーラム、WEF：World Economic Forum）の限界の補完になりえる市民活動の「叡智の共創フォーラム」が東洋発で育ってゆくことです。それが、カワネ・ワールド・フォーラムの発起人としての決心の置きどころでもありました。（ちなみに、スイスの地元でも、その補完を意識した取り組みがその対称的な場所で有志によって取り組まれていることを認識しています。）

　突拍子もない発想だと思われるかもしれませんが、平らかな目と心からは自然な帰結です。

　大規模な投資や先端テクノロジーのいたちごっこ、資源の争奪戦などをしないと、住む世界の先がないように思えてしまうようになっているマインドセットこそが持続可能性のネックであると考えているからです。

　現代世界は、進歩や開発をその動力とし、金銭換算と要領の良さを価値として、組み上げられてきました。そこで起きてきたのは、お金を操ることだけで、利益を上げることのできる仕組みの制度化やそれに長けた人たちのエリート化、大物との錯覚化、勝者感です。これは、そうではない、実労、無名をベースに暮らしを立て共生してきた、既存の都市型とは離れた生活をしている人たちの生活力の価値を貶める傾向を助長してきました。

「遅れている」、「何もない」、「地域のいくつもの役回りが重なり、家族との時間もない」という地方の暮らし像は、今、自らの視点をアップデートすることにより、「本来の最先端」、「クリエィティブなオープンスペース」、「お金に換算できないVIP活動」ともいえます。無論、これまでの課題を見直し、内輪のやり方を外輪の流れや仕組みとリンクする生きた

コーディネーション・アートが必要ともなりますが、地域の人々を守るために、仕事も抱えながら自己の不都合を乗り越えて、例えば、「消防団」活動を続けている人たちへの尊敬を国もわたしたちも忘れてはならないと思います。

SDGsの目指すところを長年実践してきた方たちを経済格差という土俵に巻き込み、セルフエスティーム（自己肯定感）を奪うような価値観と生活様式を「植民地化」してきたようなこれまでの「現代化」症候群は、その足元から「超現代化」の跳躍力を内発してゆく必要があります。少なくとも「地域のレジリエンス」、「人間の現実的な生活力」という面で都会が地方から学ぶプログラムを育て、あるいは、地方でクリエィティブを掘り下げ、人生の手応えのある楽しみ方を身につけ、ローカルから人の暮らしを蘇らせる潮流が本格化していっても不思議ではありません。それどころか、そうして初めて、無理な採掘のない目の前の「資源の宝庫」の謙虚な活かし合い方を、わたしたちは初めて、人間としての学習の「レッスン1」として共有し始めることができるように思います。

また、そこでは、多様な考え方や職種の人たちとコラボレーションすることが可能な地元の方たちの間口の広さと新たな学習力が育ってゆくことにもなります。ローカルのリアルな生活の知恵に感銘する、都会でも充分、通用している未来社会を見据えた人たちも腰を据え、素手からのやりがいを楽しみながら、全国各地や世界とも繋がり、どの地にあっても共創し、拓く未来は、これまでにない主体性、自由、創造性をともなったものであり、それはもう既に始まっています。未来が導く、生命を輝かせて生きるそんな方々との出合いとその後の展開を育み、未来社会の姿を共に経験し始めてゆきたいと思います。もちろん、福島のことを置き去りにすることなく。

防衛力・貨幣経済力といった課題が政治として重要視されているのは、

159

平安と暮らしを維持することが趣意と思います。教育界で言われてきた
とおり、人間の可能性が文字どおり無限であるならば、軍事力やお金の
力によっては、達成されて来なかったことを可能にする方法を導き出し、
洗練させていきたいと思います。それをずっと志しています。

　人類の現在地点を観るには、多元的な視点が必要ですが、現状から「未
知を拓く」には、ダボス会議に参加するような方々とは異なった次元の目
線と生活感、対処法が必要であり、それを主流としてゆくのは、「普通」
の人々であると考えています。それには、だれもがどの地域でも実践して
ゆくことができる「金銭に換算できない」価値を含むことが必然です。

　被災地の一人でも、孤独な岐路にいる人でも、小さな子でも、ぎりぎ
りを続けている人でも、町づくりでも、環境への一石でも、何を通して
でも、一方的ではなく、互いの生命の輝きを一瞬でも本当に引き出し合
えるまでの創発が起きるかが、とてつもない可能性への第一歩であると
認識しています。そこまでの「共に生きている」という生命体験を、わ
たしたちのほとんどは、これまでしたことがなかったと思います。そこ
には、互いの未使用の無限の可能性へのアクセスの鍵があります。

　それは、人間がこれまで削ぎ合うことの多かった「資源の本質」に本当
に近づきうる第一歩となるものと思います。生命という存在性の本質、さ
らには、その先の領域にまで、アクセスしうるのは、人間の学習力の深め
方の方向性によります。それはまた、AI（人工知能）には、アクセス不能
な領域を拓いてゆくことにもなります。ここで意味していることのポテン
シャルを察知しうるライフワークの極め手の方は、わたしたちが、「フィー
ルドシップ」と呼称している方法のある側面を天然的に実行して来られた
といえるかもしれません。勝手な言い方で申し訳ありませんが。

　たとえ少しでも、生命が通い合う経験や関係性は、生涯を潤し、時に
支えとなってゆくことを学んできました。それをわたしたちは、エデュ

ケーション フォー ライフ（EFL: 充ち足りた生の共育）と呼んでいます。学びの場でも、仕事の場でも、会議の場でも、遊びの場でも、あらゆる出合いの場を、生命や人生、地域の可能性を引き出し合い、生きる豊かさ、成長の歓びを実体験できる機会としてゆくことともいえます。その一員としてフラットにどこにでも立つことのできるリーダーやサポーターは、嬉しい存在であり、新しい世界の扉を皆とともに開けてゆく方々であると思います。生命の働きには、ボーダーはありませんから、自分一人だけが何かを達成したり、充実感を得たりすることに、満足や生きがいを持つことはないような天然性を維持している方々です。

　生まれ育った地元というコミュニティのことであっても、社会福祉ということであっても、地球という生態圏のことであっても、あるいは、全存在性という普遍的なフィールドのことであっても、それを「自分ごと」としている人たちには、性質や違いを超えてコオペレーションが可能であることを発見し、体験してきました。それは、仮想性を増幅したような世界像の中に生きている場合や表面だけの「いい人」や「公共」では、経験し得ないことだと思います。「輝くいのち」の尊厳の、熱い清流の中で出合った方々とは、無条件の「友」としての交流が続きます。それは、阪神・淡路大震災の被災者ネットワークの代表である安田秋成さん、福島のNPOはっぴーあいらんど★ネットワーク（http://happy-island.moo.jp）の須賀川の鈴木真理さん、岩城の千葉由美さんともそうです。

　それは、生命体験のギリギリのところでも風化せずに、息長く保たれている「いのちのバトン」を持つ人たちであるとも言えます。そこには、どれだけお金や立場をもっていたとしても、一番の基本的なことが伴っていなければ、話についてくることは決してできないようなゲンバがあります。みんな「筒抜け」で見えますし、世の仕組みの矛盾や、表看板の後ろの様々な入れ替えや、操作、置き去りも経験している方たちです。

　わたしたちがご縁をいただき、関わらせていただいてきたどの地での共創も、地元の方たちの底力とライフワーカーたちの全存在的な活動、NPOの協力が基盤となっています。「フィールドシップ」のスキルを鍛錬してきた方は、同時に何層もの場の編成作業にも携わっています。

　ダボス会議でさえ、といっては何ですが、「グレート・リセット」の時であることを正面から打ち出すに至っています。ここでの「グレート・リセット」とは、「今の社会全体を構成する様々なシステムを、いったんすべてリセットすること」を示唆しています。「様々な金融システム、社会経済システムのひずみと老朽化による諸問題を解決するためには、これまで当たり前であったシステムを白紙に戻し、まったく新しい仕組みを一からつくり出してゆく」必要があると世界経済フォーラム（WEF）自体が世界に働きかけ始めています。これが「持てるものが支配する世界」をさらに効率化するものを内包しないかは、注視する必要はあります。「利益」を旗頭とした社会システム自体は、未来を導かないのは、既に知られているどころか、金銭の通用しない共創が様々に取り組まれているところです。

　WEFの手法は、各国政府筋や投資の切り口といった従来の枠組を通じたものです。株主の利益のための資本主義を、地域社会を含んだステークホルダー（利害関係者）の利益のための資本主義に拡張することを提唱するという変換は、ありました。これは、日本の商い文化の叡智である近江商人の「売り手良し・買い手良し・世間良し」の「三方良し」の経済文化と親和性が高いといわれています。

「三方良し」については、ダボス会議で日本の大企業のトップが引用してもいますが、表面的なところでなく、社是として真に実態があるのは、やはり、「たねや」さんなどの地元に根ざした会社であるように思います。そこには、地域の人たちへの思いと地球環境への足元からの古くて

新しいスタイリッシュな配慮が見てとれます。

　人生百年時代の対応についての日本の対応策の参考として、保険系の会社のトップが、オンラインダボス会議の分科会セッションで、長野発といわれる「ピンピンコロリ」を口にした時は、わたしは、唖然としました。その背景には、体操、食事法、農作業などに取り組んできた多くの人々の日常の積み重ねがあります。多くの人たちが望んでいることかもしれませんが、実際には、３％程度といわれるそのような亡くなり方、突然死が社会課題への一つの応えであるかのような誤解を招くことはないでしょうか。「健康寿命を伸ばす」といった趣旨とは違う意味合いが伝わってくる得意気な口調であったことには、バツの悪さしかありませんでした。

　オンラインやAI（人工知能）で給付などの処理をすれば、膨大な手続きの課題はすぐに解決するといった趣旨の発言もありました。そのような社会認識は、もっとも援助を必要とする方たちがどうしていいかわからないまま置き去りにされることになることに、その心が及んでいないとしか言いようがありません。「本質的な世間知らず」の方々が、国の財政や経済を動かしていた昨今であるようです。

　高齢者や、スマホ決済に恐れを抱いている人の中には、行政のプレミアム商品券の配布など、紙の商品券の配布に朝５時から並んでやっと20％の額面増しなどの供与を受けられる場合もあれば、結果的に手に入れることができない場合もあります。一方で、デジタルリテラシーがある人は、少しの手間で、簡単に手続きができたりします。格差といわれますが、助けを必要としているのは、取り残されている人たちです。

　教育や就職の形態にも、今後、大変容が迫ってきているともいえ、グレート・リセットは、経済に限らず、どの分野にも起きてくるのは、自明でもあります。

　今、世の中には、人間としての本来的な生き方を実行し、自らに正直に、自然を大切にし、地球を尊重し、人々と共創しながらライフワークを進行中である方々が国内外にたくさんいらっしゃいます。そんな「普通」のわたしたちが、これからの地域・地球社会の鍵であるといっても過言ではありません。また、エッセンシャル・ワーカーといわれるように、実際に社会を支えているのは、実労をしてくださっている方々です。所得の高低やライフスタイルのゆとりで、上から目線や傍観視になる傾向のある人たちも、あらゆる分野の本質的な「グレートリセット」を等身大で共に経験してゆければと思います。

　机上の企画や采配で、実効を生み出す仕事をしている方々も多くいらっしゃるとは思いますが、収入に至る様々な偏りやひずみは、社会の中で、補正されてゆく必要があると心から思っています。先ずは、ひたすらできることを誠実に続けてゆきたいと思います。

　第3回目の川根でのフォーラムは、2回の開催で創出された新たな息吹を得て、それまでからさらに水かさが増し、主催自体も、地元の町づくり団体、新企画にチャレンジする若手チーム、町の青年団も一緒に「世界に川根を」実行委員会を形成し、「KAWANE WORLD FORUM」という名称も初めて、明示しました。

　元々、夏の野外フェスなど、無から有を立ち上げてきた青年リーダーたちが、「こういうのは、10年は、続けないとだぞ」というスタンスで、ガッツリとタグを組んで参画してくれました。性別も年齢も日常も得意分野も、まったくと言っていいほど、タイプの違うわたしたちが、ただ、一点、「ゆたかな地域社会を、川根の地から実現してゆく」という共通の目的に向かって、真夜中まで、熱く話し合いました。思いのたけと夢を汲み取り、わたしたちとして、できる限りの提案もしました。こちらは、

仙台も含め、本当に遠方から毎回、川根に通い続けました。

　その中で、原案ができたのが、「川根宣言」です。フォーラム当日の登壇者も参加してさらにアイデアやワードが確定されていきました。「田舎」からの宣言を、思いっきり表現したいという地元青年の声に、当日のゲストスピーカーで、日本語も話すラダック人のスカルマ・ギュルメットさんが、掛け言葉的に「イーナカ」と発言し、それが、宣言に盛り込まれました。「生き方・考え方・学び方のリバー・ルート」としての「川根宣言」です。

　パネルでは、日本の国連大学での大会で出合った、静岡でエコビレッジを実現されている方が様子を話してくださいました。以降、毎年、ご協力いただき、ホワイエでの出店に、そのエコビレッジの一角のベーカリーで手作りされているパンを扱わせていただくようになりました。その美味しさは評判となり、人気を集めていました。地元をこよなく愛する青年団長経験者、実家の茶農家の後継になる決意をした新感覚のチャレンジャー、川根に嫁ぎ子育てをしながら、「華」と主体性のある女性、そして、感動的だったのは、地元の推薦で登壇してくれた、地元中学校の生徒会長経験者の３年生の女子でした。地元を懸命に支え続けている青年団の活動への着目と感銘が語られました。付き添いの中学校の先生たちが、帰りがけに誇らかに語りかけてくださったのが印象的でした。

　この時のフォーラムで、確認されたのは、「開発（かいはつ）」ではなく、「開発（かいほつ）」、すなわち、外への開発ではなく、自分自身の内なる開発が肝要であるとのことです。この学びが共有できたことは、とても貴重でした。

生き方・考え方・学び方のリバー・ルート

川根宣言

1 「ナチュラル・セレブリティ」*が通うところ・住むところ 川根

2 世界と「コクリエーション(共同創造)する」川根

3 イーナカこそ「ユニバー・シティ」* 川根

*「ナチュラル・セレブリティ」とは、自然あふれる暮らしを輝きとし、自らの内から湧出る
　心の豊かさや感性、特質を、地域や社会の豊かさの資源としていく、ステキな生き方を
　実行する自然体のセレブたちのこと。

*「ユニバー・シティ」とは、自然豊かな地域に、都市の学びのエッセンスが活かされ、世界との
　交流文化が根づいていく、多様で健康的な市民力・学習力・現実力が養われる叡智の場。

(2011年(平成23年)12月11日(日)、「世界に川根を」フォーラム会場にて採択)

JAPAN KAWANE SEN-GEN
River Root Resolution (R³)

1 KAWANE is where 'Natural Celebrity' commutes and resides.

2 KAWANE 'Cocreates' with the world.

3 KAWANE is indeed 'Univer-City' (where the lessons of urban life are 'overunified') with the 'E-naka' (rural life with nature and kinship).

Officially adopted at KAWANE WORLD FORUM on December 11, 2011
FUJI no KUNI

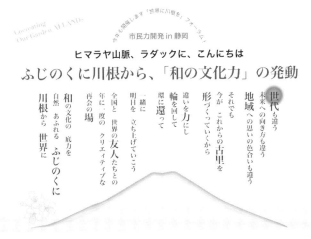

市民力開発 in 静岡

Creating Our Garden AT LAND

かさね開催します「世界に川根を」フォーラム

ヒマラヤ山脈、ラダックに、こんにちは

ふじのくに川根から、「和の文化力」の発動

世代も違う
未来への向きも違う
地域への思いの色合いも違う

それでも
今が これからの古里を
形づくっていくから

違いを力にし
輪を回して
環に還って

一緒に
明日を 立ち上げていこう

全国と・世界の友人たちとの
年に一度の クリエイティブな
再会の場

和の文化の 底力を
自然 あふれる ふじのくに
川根から 世界に

　第4回の2012に向けては、地元の共創にも大きな変化がありました。あることをきっかけとして、自然な流れで、Univer-City Kawane を地元青年リーダーのコアの方たちが形成し、フォーラムの名称も KAWANE WORLD FORUM（KWF）と本格的に改称。「世界市民力開発in静岡」を掲げるようになりました。

　ともかく夜中まで、皆でよく話し合いました。「本物でなければできないことをしたい」という、くやしさの滲んだ青年たちの深い思いがたぎっていました。ここから誕生したのが GARDEN　CITY として KAWANE を後世に継承してゆきたいということでした。そこから三つのモットーも話し合う中で生まれました。このモットーは、今も、わたしたちの中で響き続けています。

　KWFには、伊豆大島や大阪などからも共創者が実行委員会に通い続けていましたが、この息吹の中で、地元でも一般社団法人を立ち上げたり、また、任意団体として UNIVER-CITY OHSHIMA を発起したり、それぞれの地域で主体的に活躍し始めるようになりました。見本や原体験があり、遠く離れていても心を通わせ合える志の共有者たちがいれば、

人は地域で一人でも立ち上がり、新たなことにも一歩を踏み出せるようになることを目の当たりにしてきました。

　この回のKWFのテーマは、「WAの文化力の合流」としました。川根町の笹間地域で、世界的な陶芸家たちも参加する、それまで日本にはなかったワークショップや国際交流も含めた２年に一度の「ささま国際陶芸祭」のアートディレクターをされている国際的に活躍する陶芸家の方を、ゲストトークに迎え、地元の山あいに、どれほど多くの人々が訪れ、アートで新たな流れが起きているかをまざまざと語っていただきました。

　わたしも陶芸祭には、ホームステイも含め、交流の機会をいただき、海外一流陶芸家の方たちとの得がたい交流の機会をいただきました。笹間の廃校を改修してできた山村都市交流センターの周辺に、海外作家の方が残されていった風合いとアート性の高い陶芸作品は、唯一無二の風景となって、笹間を世界の風景に仲間入りさせています。

　パネルディスカッションには、藤枝をベースに静岡の各地や海外にも美容室を出店している美の原点を食育とする若手経営者、川根から米国ハートフォードへの中学生派遣や、ゴスペル文化交流にも尽力されてきた思い溢れる方、東南アジア生活経験を背景にラダックとも交流を続けるGUコーディネーター、青年団長時代に天王山イルミネーション事業を立ち上げ、持続しているUC　KAWANEのメンバー、カイロプラクティックの本業とともにエコツーリズムなどの活動をする隣町の女子部の方など、盛り沢山の発表とディスカッションとなりました。ホワイエでの交流ブースにも、地元のお母さんたちの食などの他、隣町などからの出店も見られるようになり、様々な協力をいただけるようになったのは、画期的でとても嬉しいことでした。文字通りの国際色もふんだんに見られるようになりました。

　冬の梅、春の桜、初夏の茶の芽吹きと、何といっても川根は、年中通

して茶畑の風景が心に微笑みを届ける Tea Garden City（茶園シティ）です。サンフランシスコから川根滞在を経験した友人は、茶畑の光景が心に焼きつき、何年経っても懐かしく、忘れられないようです。

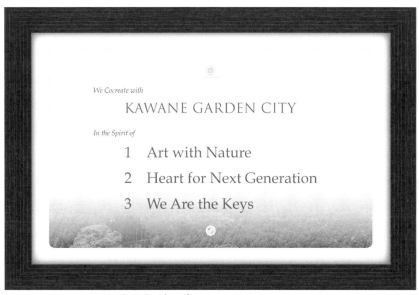

カワネ ガーデン シティ　３モットー

　第5回の2013KWFは、「WAの文化力の展開」をテーマとし、市と市の教育委員会の後援も入るようになりました。それまで町内のことにのみほとんどの意識が向いていた青年たちの市の様々な青年部組織との連携の強化が際立つようになりました。ゲストトークには、川根でも活用されている有用微生物群を生活環境の改善に役立てることを事業化している数社の経営者でもあり、NPO活動にも理解のある方のご協力をいただきました。

　パネルディスカッションには、沖縄県国頭村でお茶摘み体験や黒糖づくり体験の受け入れなど、地域活性化に取り組む若手の方を招き、お茶の本場の町づくりへの取り組みにも触れてもらいました。また、商工会青年部の全国部員増強運動で島田市を全国一位に導いた部長や、KWFに触発され、伊豆大島で様々な活動を始めた方、地元の神楽保存会の会長や教育委員をつとめてきた無農薬茶栽培家であり、県の銘茶100選にも選定された和紅茶を育てた方にも登壇していただきました。

　圧巻であったのは、東北の復興支援に何度も通うなど、様々なボランティア活動に参加している小学5年生の女子が隣町からパネルディスカッションに参加してくれたことです。KWFがより広い地域の方々の未来へのプラットホームになり始めたことは、とても嬉しいことでした。KWFの景色が変わり始めたのを実感できました。

　第6回の2014KWFは、「ＷＡの文化力のデザイン」をテーマに開催し、イラストレーターとして起業し、活躍されている青年実業家の方にゲストトークを行っていただきました。地元パネリストには、嫁ぎ先の製材所・林業に触れ、森が本来の姿を取り戻していくために自分たちにできることを探究・実践している方、アフリカを中心に、中古車の輸出事業をしている市商工会青年部部長の方、お母さん業界新聞の地元版編集長の方、市青年会議所理事長の方が登壇してくださいました。

　全員が市の発展や、市民生活の充実に注力されている方たちであり、川根の地で熱い思いを語り合っていただいたのは、心に響く新たなステージでした。

　この回くらいから、フォーラム本番と同じくらい充実していたのは、実行委員と登壇者、運営関係者での、同センター内別会場での終了後の手づくり交流会でした。自ら幹事をかって出てくれた方の采配が素晴らしく、全員が発言し、学び合うことのできるとても貴重な機会でした。調理もUC　KAWANEのメンバーであり、青年団長経験者の方がいつも腕を奮ってくれました。厚く感謝しています。

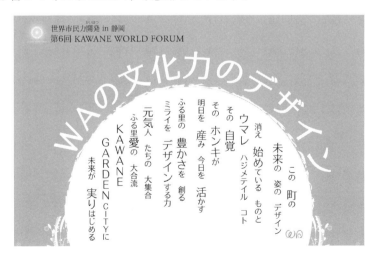

　第7回の2015KWFは、「ＷＡの文化力の未来」、「里山のしあわせ学」をテーマとし、それまでのどの回とも違う取り組みとなりました。地元青年の希望により、「里山資本主義」の共著で全国から引っ張りだこであった地域エコノミストの藻谷浩介氏に来ていただくことになったからです。何よりも懸念したのは、集客で、地元FMラジオに出演して周知に努めるなど、皆、力の限りを尽くしました。当日は、市長も会場に立ち寄るなどの反響がありました。

　パネリストとしては、地域の日常を支え、活性化する様々なユニークな活動をしている隣町のNPOのいつも明るく前向きな女性、小学生の間伐体験サポートにも参加する木材協同組合の青年部会の会長でもある製材所の若手重役、ナチュラルセレブリティを提案し、川根に通ううちに地元の方と結婚し、地域とNPOの協力で新たな企画を実現した女性、インドヒマラヤ登山を経験し、現在は、NPOの里山仕事で間伐、竹林の皆伐などをされている方、UNIVER-CITY KAWANEの副会長でもあり、川根の町の活性化のために先頭を走り続けてきた乗馬クラブの青年経営者が登壇しました。

　残念だったのは、皆、パネルディスカッションを楽しみにしていたのですが、時間ギリギリとなってしまい、ひとことずつしか、パネリストの方たちに発言していただけなかったことです。本当に申し訳ありませんでした。藻谷氏には、川根でのこれからの活動に向けてのご配慮をいただき、大変ありがたいことでした。

　地元の青年たちに残ったのは、「人口が増えなければ、町の存続は難しい」という明確な事実でした。実行委員の青年たちも、この数年の間に、結婚し、父親になる人たちも増え、家庭環境や職場環境の影響で関係性の密度にも変化が生じる場合もあれば、何があっても変わらない場合もあるようでした。

　本著では、国内については、川根でのフォーラムについてだけ、触れさせていただいていますが、KWFの登壇者の何名かにUNIVER-CITY OHSHIMAから声がかかり、来島していただき、土石流災害からの復興を目指して企画された、WE LOVE OHSHIMAシリーズの立ち上げのフォーラムのパネルディスカッションに登壇していただいたりと相互交流も生まれています。

　第8回の2016KWFは、世界市民力開発in静岡「ＷＡの文化力の共創」、「みんなの学校　みんなの地域」をテーマに開催しました。地元メンバーは、第10回目までのコミットメントであり、あと３回のカウントダウンに入ったため、GARDEN CITYの三つのモットーのうちの「Heart for Next Generation（次世代へのハート）」を掲げました。

　ゲストスピーカーには、映画『みんなの学校』に出演され、教育現場に大きなインパクトをもたらし、多くのお母さんたちの希望ともなっている大阪の大空小学校の元校長の木村泰子さんをお迎えしました。フォーラムには、複数の自治体とその教育委員会からの後援の他、静岡を代表するような企業からの協力や協賛、地元信用金庫からの協賛をいただきました。パネリストには、隣町で様々な住民主体の創意工夫にあふれるNPO活動をし、町を元気にしている女性事務局長、地元青年団長経験者の料理人、市内で男女共同参画活動を行う海外在住経験者の方々が登壇し、それぞれの活動紹介と共に、木村泰子さんとも意見交換をしました。

　フォーラム開催に先立ち、行政の境界も超えて、同日に３町での上映会を実施するハードスケジュールを敢行しました。事前学習の一助とするためです。地元の実行委員は、仕事で多忙のため、機材の不具合や思いがけない渋滞などがありながらも、主に遠方からのわたしたち実行委

員で補いました。上映会場には、地元小学校の校長も参加されていたことが後からわかりました。

　長い間、いじめによる自殺者まで後を絶たず、不登校者も多い学校教育の杓子定規な傾向や、問題をないことにすることを処世術にしているようにしか思えないような少なからぬ管理職者の保身に、期待を持つことができなかった公教育のど真ん中から、木村泰子さんのような「子どもを主語にした」本音の本音をストレートに実践し発言する校長が現れたのは、嬉しい驚きでした。日本の硬直化した学校教育に新しい風が通ってゆくことを願い、各地でのそれぞれの取り組みを共に継続してゆきたいと思っています。もちろん、既に、地域の方たちと共に、地域の貴重な未来への学び場である学校を生き生きとしたものにされている先生方も各地には大勢いらっしゃいます。

　退職されてからは、全国各地の強いニーズで東奔西走を日々、日帰りでされている最中の講演でした。会場には、障害をもったお子さんの保護者の方々も参加されていました。
「学校には、地域の方々が遠慮なく、入っていっていい」というお話に、会場からの質疑応答では、「本当に入っていっていいのか」という確認がありました。KWFの翌日に早速この方が地元小学校を訪れ、校長との懇談をしたことから、「みんなの学校」の地元と学校との協力活動は、実に急速に進展していったとのことです。

　フォーラム会場には、地元小学校の校長、副校長、元校長が参加されており、木村泰子さんにとっても、嬉しい出合いになったようです。地元の校長・副校長がこんなにも眼のキラキラした子どもたちへの愛に溢れる人たちであることに、わたしも初めて出合うことができました。

　このKWFほど、地元での反響があり、町の実際の変化に繋がったものはありませんでした。もちろん、わたしたちが何かをしたというよりは、

フォーラムをきっかけとして、町の方々がもともと持っていた子どもたちへの愛、学校への愛着、地域への思いがさらに具体的な関わりになって活発化していったのでした。子どもたちの発想と行動が町の明るさや元気に繋がり、学校の先生たちの取り組みが町と深く関わりあっていく様子を目の当たりにする幸運に、わたしたちは恵まれたともいえます。

　この時、初めて、「その後、どんな？」との青年への問いかけに、「すっげえ、すぐにまるっきり変わった」という、信じられないような返事を聞くことができました。それくらいの勢いのある変化が生まれ、学校がいかに地域にとって生命線であり、大切であるかを再確認する体験となりました。

（この後、どのようなことになったか関心のある、既に『みんなの学校』の上映の地元主催をされた方向けには、DVD/BD を往復送料・実費のみで視聴していただくことができます。000 ピーエーエフの「みんながつくる」プロジェクトにお申し込みください。https://000paf.org）

　第9回の2018KWFは、世界市民力開発in静岡「ＷＡの文化力の連動」、「みんなで創る　みんなの地域」をテーマに開催しました。GARDEN CITYの三つのモットーのうちの「Art with Nature（自然とアート）」を掲げました。ゲストスピーカーには、元静岡県の職員でもあり、NPO・行政・企業がパートナーシップを組む、英国で始まったグラウンドワーク（環境改善活動）を三島で展開する他、数々の実績があり、教授職にもある渡辺豊博さんに来ていただきました。

　地元の青年たちから、町づくりをどのように行ったらいいのか知りたいとの要望があったため、馴染みのある県内の先輩の話は、身近な参考になると思ったからです。川をさらい、草の根の掘り起こしから始める

ような気迫は、川根の青年にも十分通ずるものがあるように思いました。町内の様々な立場のグループの協働が有効となるためのコーディネーターの存在が鍵であることが明確になり、大変参考になったようです。また、後日、三島まで現地の様子を見に行かせていただいたとのことです。

　パネリストには、地元小学校の副校長、海産物の家業に取り組む中、商業活性化のための様々な斬新な企画を市内事業者と牽引している地元青年リーダー、環境教育から福祉へと活動を移行し、障がい者アートの任意団体を立ち上げ、差別や偏見のないまちづくりを実現しようとしている方、そしてＫＷＦの実行委員長でもある、茶のうえんの代表。地域の耕作放棄地を有機茶園に転換し、オーガニック抹茶を国内外に販売する会社を茶農家5名で新たに立ち上げていました。地元実行委員のメンバーも世界を相手に事業をしたり、家族が国際的になったりの変化が現実のものとなっていました。

　まちの活性化と共に、本業の活性化にも力を入れる。この頃は、実行委員会のミーティングに出席するのも輪にかけて難しいのが地元の青年たちの実情でした。わたしたちNPO関係者も、本業を行いながら全国各地から、共創に駆けつけ続けていました。活動紹介などのブース出店もしていましたが、この頃は、静岡の他地域からも遠くの過疎の川根まで出店に来てくださる方たちがあったのは、大変嬉しいことでした。出店者である障がいをもったお子さんのお母さんたちに、「わたしたちは、社会の同じ場に一緒にいられることが嬉しいんです。こうやって何気なく会話をする、それがとても貴重なんです」とコミュニケーションをとっていただいた時に抱いた思いは、いつも残っています。

　様々な立場、状況、思いの方々が明日への活力を少しでも充電できるような場を共に創り、育ててゆければなあと思っています。

　第10回の2019KWFは、これで一区切りとすることもあり、また、創立50周年を迎える地元小学校と地域の方たちの取り組みが、半端ではない勢いとなっていたこともあり、50周年の行事をやり遂げてから、再び、木村泰子さんに来ていただき、あれからわずかの間に、まったく変化した様子をお伝えしようということになりました。

「ＷＡの文化力の加速」、「みんながつくる　みんなの地域」と題し、GARDEN　CITYのモットーから、「世界の未来　We　Are the Keys（わたしたちがその鍵）」を掲げました。司会には、この年も、お腹の大きい中、伊豆大島よりUC　OHSHIMAの副代表が共創に駆けつけてくれました。市・市教育委員会の後援の他、地元のNPO、小学校、商工会、青年団をはじめ、これまで応援をし続けてくれた事業者の方、新たな協力者たちと共創できました。チラシに掲載した、地元代表者たちからの呼びかけメッセージは、胸に迫るものがありました。

　この回は、学校の協力もあり、たくさんの児童も登壇予定でしたが、インフルエンザの流行で、ギリギリ校長先生のパネルディスカッションの登壇が叶った状況でした。大阪でやはり、木村泰子さんの講演会を主催などしている一般社団法人の社会福祉士の方、市の商工会青年部長となったKWFの地元実行委員が登壇する他、フロアーから地元中学校の校長も登壇してディスカッションに加わってくださいました。これらの様子も、先にご紹介したように記録ＤＶＤとなっています。

　地元では、できることが続けられています。各学校だよりや温泉新聞などのバラバラだった地域へのお知らせが「地元の広報」として一本化する取り組みも始めています。これは、全国でも珍しいのではないかと思います。KAWANE WORLD FORUMは、もともとわたしたちが、NPOとして発起したものですので、今後も機会をみて開催できればと思っています。KAWANEから波及して、他地域でのUNIVER-CITIES

の共創は、着実に育っています。一人一人の力が活かされ合い、暮らし
の場に真の豊かさがめぐってゆく人生と地域と地球の暮らしの共創が社
会に根づいてゆくことを長い目でファシリテーションし続けてゆきたい
と思います。

　川根の隣町では、三つの小学校が統廃合されて一つになることが決まっ
たそうです。そこには、パラダイス「スクール＆コミュニティ」もあり
ます。学校も地域もパラダイスとして学び、交流している子どもたちで
す。パーマカルチャーの小さなロック・ハーブガーデンも全学年で協力
して手作りしたりしています。この学校のことをわたしは、ずっと心の
宝としてゆきたいと思っています。こんな素敵な小学生時代を過ごした
方たちは、それを何よりの礎として自信をもって成長していってくださ
いと陰ながら、強く願っています。

　何よりも「人口減少」が過疎地の課題のネックですが、時代が要を外
さずに展開してゆけば、少ない人口でも町あるいは集落を持続してゆく
ことは可能だと思います。経済効率という思考と方法に乗っ取られてい
ない開拓者たちが、知恵と共創のかぎりを尽くして生活圏を編み上げて
ゆくことは必要であると思いますが。

第三章　翼を広げて地球に生きる

1．こんなふうにも

　ここまでは、今の現実社会の中で可能な限り価値や方向性の確認をし、共有することから取り組んでいることを主に紹介させていただきました。それらはどれも誠実の限りを尽くして取り組ませていただき、その学びも味わいもひとしお深く、今後も継続していくものです。

　それと同時に、本節では、こんなふうにも思っているし、応用もしているということについて触れておきたいと思います。それは、地球文明の未来は、いかようにも変容してゆくであろうと思っているからです。もちろん、人類は、その振舞いに帰因しその存続性が危ぶまれる可能性も高いことは、世界的に現実的に周知のとおりです。

　例えば、経済システム同様、これまで社会的に堅固に積み上げられてきたものに「科学」があります。そしてその技術的応用の延長に、DX、AI、IoT、ロボティクスを多用した未来への道筋があります。そこでは、それらに置き換えられる多くの仕事があり、職を失う人が出てくるだけでなく、消えてゆく職業も多いと様々に言われています。

　人間に求められる学習内容も知識の蓄積や、求められた正解を出すような能力には、有用性を見出せなくなり、感性や協調力が必要とされるような、人間がAI（人工知能）より長けている分野や、人間にしかそこまではできないような分野を磨くように示唆されています。これを本当に追求していったなら、わたしたちは、それぞれが人あるいは、未来社会に必要とされる仕事のエキスパートになってゆき、生計には不自由し

ないようになると思います。

　こんなふうであってもいいと思い、わたしは、そこから探究してきました。それは、科学の前提とされている「再現性」や「客観性」は、この上なく、不自然なことであるという感覚を殺さないということです。現在、科学者と言われている方々は、例えば、「同一条件下での実験」という、時空間環境としては本来、成立しないことを成立したと見做してコトを進める手法をとっていると思います。

「ほとんどゼロに等しい」として、実は、ゼロになっていないものをゼロと見做す数学的処理のように、乱暴と思えることがたくさんあります。「それはね……」と様々に諭して下さる方もいらっしゃるかもしれませんが、このことに限らず、どこかしっくりとこず、数学や科学から縁遠くなっている人たちは、大変多いのではと思います。

　こういう初歩的なこと、ずっとそうとされていたことに躓いているようだと、数学や科学の「リテラシー」がないとされ、例えば、福島の甲状腺検査や汚染水の海洋放出のように、懸念している方が不幸せを引き起こしていたり、安全性を理解できない感情論者のようにも扱われたりします。そして、「感じていること」をベースにおいている人たちは、扱いづらく、説得がしにくい思考力に欠けている人たちだと見做される傾向が強くあります。

　そのような解釈が標準とされる文化圏は、それも一つのコミュニティですので、「そのように処理がされている」ということを認識するのみです。その延長線上に発展されようとしている世界の未来も、効率や合理性の極致の化身となってゆくでしょう。

　そのような考え方とは異なる探究の仕方をすることは可能であり、妄想や創作に属さない水準のアプローチ法はあると思います。

　わたしは、こんなふうに考えています。

・科学の基礎は、境界のない場にある。
・インフォメーションの質の知覚は基礎スキルである。

　それには、自身の置かれたどの場面においても、「ゼロポイント」としての存在性が維持され、すべてを本番とするのが、基本的な科学的な姿勢となると認識しています。そこから特定の事象や特質にフォーカスし、研究が進められていったとしても、境界のない場でのある様相へのアプローチの特化であるというスタンスは、基本と考えます。

　別の言い方をすると、現在、わたしたちが置かれている地球環境は、心あるだれもが、自分としての可能な限りのベストを更新し続けることを強く促しています。既存の枠組みが大きくリセットされるのが必然であることは、無数の識者が指摘してもいます。ここで一つの鍵となるのは、それら識者の指摘に依るまでもなく、自分自身の人生経験を通じて、現在がやり方や在り方の変え時であることを、自覚し、実行してきた人たちの存在です。

　それらの方々は、真摯であればあるほど、既存とは異なる方法や表現を探究し、実践してこられたことと思います。自分という存在性の限界を通る経験も数多く経て来られたのではないでしょうか。その度に、新たな水平を経験したり、文字通り生まれ変わるような体験をしたりもされて来られたことでしょう。そのような方たちの中には、私がここで、「ゼロポイント」と表現していることの意味すること、そのポテンシャルを認識されている方々もいらっしゃると思います。

　多様な方たちが、まったく異なったルートや方法をとりながらも共通的にここが原点と確認できる、そこから始めること。客観というのは、厳密には存在せず、まぎれもなく、集合的な主観が働いていることを認識すること。個人的主観や反応と、それがない場合の違いが認識できる

こと。

「こんなふうにも」できるということが開く今日には、無限のポテンシャルがあります。これらのことは、様々に応用している「フィールドシップ」の基本ともなっています。

２．UNIVER-CITIES（ユニバー・シティズ）

「UNIVER-CITIES」のUNIVERとは、多様でありながら一つに繋がっていること、人間社会も含んだ森羅万象の相関性を現し、「UNIVER-CITIES」とは、森羅万象の現れの一つとして人間が住み、働き、暮らし、学び、楽しむ仕組みや関係性を含む場を指しています。人口の密集、高層ビル、ハイテク機能の集積した空間を前提とするものではありません。

　人間が自らの顕在意識や様々な能力の働き、その行動を、互いの生き方や暮らしが豊かなものとなるように働かせ合っている文化圏であるともいえます。その趣旨が自らの天然のライフワークと合致する方が一人でも存在し、その方が地元に根づいていれば、過疎地域でも、他地域のUNIVER-CITIESとの共創への学びを始めることは可能です。すべて手づくりで始まっています。

　町のこれから、地球環境の今、学びの刷新、地域福祉、社会システムの変換など、それぞれの活動のコアを基本にしながら、目的は、先ずは、持続する地域・地球社会の共創にあります。時代と共に、どこまでも翼を広げて地球各地あるいは、プラネタリィなシティとのコクリエーションも可能となってゆくのがUNIVER-CITIESのポテンシャルです。

　UNIVER-CITYの活動では、どの現場にも多様なフィールドの働きが同時に存在していることが認識され、次の三つの場に整理された上で、同時的なコオペレーションによる共創が行われています。これは、「フィー

ルドシップ」の基本ともなっています。

①普遍的な場　②生命の場　③現場

　別の言い方をしますと、地元での生活や学び、仕事の場自体が、「現場」です。それぞれのUNIVER-CITYの名称は、地名や広域の歴史的な名称、その地域の文化的象徴の名称などが使用されていますが、行政的な境界にかかわらず、大地のつながりを基礎としています。また、その場の様々な生命活動を「原場」として同時に意識し、配慮しています。さらに、どの場もすべて普遍的な時空間の「玄場」として認識することから、上下・高低・左右などの概念にとらわれることはありません。それらすべてを「今・ここ」として認識して表記するのが、UNIVER-CITIESを含む「ゲンバ」です。

　そこでは、現場対応力とともに、多層的な知覚力とコオーディネーション力も稼働しています。

3．EDUCATION FOR LIFE（EFL：エデュケーション フォー ライフ「充ち足りた生の共育」）モデル

　教育が学習者の能力を高めるどころか、狭小化し、硬直化させる場合が多いことやこどもたちが生命を絶つまでの苦しみの場にすら日本ではなっていることが多いことに耐え難い思いを抱いているのは、わたしだけではありません。現在、大幅な改善が試みられてはいますが、まだ、しばらくは、生徒間の痛々しい関係や硬直化した思考や態度が教育という名を借りて残存することは、ありそうです。もちろん、生命輝くイノベーターのような先生たちもたくさん現れているのは、身近にもよく知

るところです。

　学びは、人生を充実させ、支える力を養い、世界の明日を自由に描き、実現してゆくためのかけがえのない推進力です。「地球中が学びの場」という発想は新しいものではなく、数十年前からわたしたち自身を含め、「地球学校」や「地球大学」を実践してきたパイオニアたちもいます。

　学ぶことも育つことも全世代・全分野のわたしたちが生涯、当事者です。「エデュケーション」には諸説あることは承知していますが、特定の関係性や場所に限らず、全ての出合いは互いのポテンシャルを引き出し、本質的に活かし合う機会と捉えるのがEFLの基本です。

　最も大切なのは、学びも仕事も暮らしも遊びも、自他を含む「充ち足りた生」がその目的ともなり、原点ともなるということです。ここが明確でないと「国際的に通用する人材」になることや、「他に優ること」が目的になったりし、そうでない場合は、自己評価も他者評価も低くなり、生徒でいること、社会に出ることが苦しみにもなりがちです。

　知的な学習は、「充ち足りた生」のためのものであり、「その逆の方向に、いのちが削られるようなことがあってはならない」と様々な知見を得、経験を経た上で、教育でも、それが明言され、明示される必要があると思っています。

　先ずは、その言語の意味がわからなくても、そのデザインを見ただけで、何を伝えようとしているのか、文化を超えてシンプルにわかるような、色で伝えられるエデュケーションのモデルは、生み出せないだろうか。その上で、もっとも基礎となるLIFEについての学びと実践を位置づけ、さらに、社会や文明のコーディネーションや変換の働き手となることを志している方々には、その入り口の鍵を伝える。そのように勘案し、熟成させ、提示させていただいたのが、この項の最後のカラーページに掲載しているEFLモデルです。

　これだけ？と思われるかもしれませんが、このモデルの活性化を始めてから、解説は、ほとんど必要がないことがよくわかりました。なぜなら、このモデルを自身の成長や実生活での学びや仕事に適用している方々が、その現実的な多様な応用例をたくさん挙げて示してくださっているからです。充ち足りた生を自らの存在性の中心に保った、生命のケアに、生活のスキルに、生きる知覚に、生命の叡智。そして、そこからの考察・実践・励まし・共感などを生き生きとリアルに伝えてくださっています。（GUのウェブサイト https://000univer-city.org でご覧いただけます。）

　ここで、深く思い至ったことがあります。「血肉化する学びは、教わったものではない」ということです。少なくとも与えられた知識ではなく、自らが求め、習得したものであるということです。それは、ロシアの学校でも実証されていましたし、EFLでも目の当たりにするところです。映画『THE SCHOOL IN THE CLOUD』にあるように、スガタ・ミトラ氏の指摘するところもその一例かもしれません。わたし自身も学びたいことは、大学までの授業では扱っておらず、探し、様々な場に足を運び、学びとってきたことです。

　細分化され、項目化された知識や手順は、いくらでも概念化され、列挙でき、書類にし、データ化し、提示することができます。それらは、今後ますます、オンラインでも学習することができます。EFLは、あらゆる付加的な学習の基礎として、人間として学習することが、当人の生の充足のみならず、社会や地球の未来も生命の輝きが侵されないものとなってゆくための画竜点睛であることを、分野・世代に関わらず、確認してゆけるものです。

　生命を侵すようなテクノロジーを開発すること、それを使用すること

は、人間の自己崩壊行為です。原発や各種兵器、福島の人災を筆頭に、わたしたちは、生命の理を忘却した思考の組み立て方を「知性」と錯覚してきてしまったようです。それが「存在することの本質」から外れた知性の誤用、生命倫理の逸脱行為であることを明白に認識している方たちが、直接・間接を問わず、文明の新たな歩みを共に進めてゆく時期に来ていることを自覚することができます。

　理屈や面識、時空間すら超えて、響き合うことは可能です。近年、お目にかかり、対話する中で、「共に生きること」への本気度で、深く共鳴する方に、日本労働者協同組合（ワーカーズコープ）連合会センター事業団の池田道明さんがいます。「Workers 被災地に起つ」という東日本震災後の東北での、ワーカーズの自立と地域での発奮をまとめたドキュメンタリーの中に登場する方です。この映画の地元での上映会をわたしたちもUC OHSHIMAのコクリエーターとして実現しました。

　被災後、数十社に求職をしてもすべて不採用の中、やはり不採用であったワーカーズコープから短期間だけの声がかかったところからの池田さんの始まりです。障がい者多機能型総合福祉施設「ともに　はま道」の経営を一から皆で立て直され、それまでの働き方の限界を突破されていました。

　現地の職場に池田さんをお訪ねし、お話を直接、聴かせていただきました。その思いは、溢れ出る熱い語りとなって、生命の奥にまで響くものでした。池田さんの原点は、2011.3.11の被災現場で流され、亡くなってゆく方々の姿、その光景を目の当たりにされていたことです。

　池田さんのお話しには、言葉を超えて、大切な、今、蘇るべき生命の脈動がある。それが伴わないと仕組みにも活動にも、建前や形式が先行しがちになる。よかれと思って、懸命に行っていることでも、伝え手の

中で、その脈動が埋没したとき、どのようになるかは、多くの学校現場、社会現場で起きていることの中に如実です。その逆も真であることは、各地での地道な創発体験でも学習し、確認してきたところです。

　初対面で恐縮だったのですが、池田さんのお話は、対談という形で、手づくりで発行させていただいているEFLシリーズのDVDにし、有志が主宰し、だれもが聴き、学べるようにしたいとの思いで、お声かけさせていただいたところ、快諾いただき、後日、実現しました。仙台の一番町に開かれているEFLスペースでの録画では、存分に語り合い、その後も立場や持ち場を超えたエールの送り合いが自然に生まれています。全力で「仲間」とともに現場で働く大切な友人です。

　池田さんとは、ひと粒の飴を通じてのかけがえのない共有があります。そこに宿っている生命の黄金の輝きを、全身で受け止め、糧とし、役立ててくださっていることを大変、ありがたく思っています。不可能に近い課題に本気で向かう決心の孤独の深みは、その淵を経験している人たちには、形を超えて人ごとにはならないところです。

　面識がなくても、共感するのは、音楽や文化、ソーシャルなムーブメントの素地かとも思います。それでも、真正面から人間の本来的な性質でもあるAI（アイ）の本質を掘り下げ、実践しながら、『純愛－JUN-AI－』日中共同製作映画を通じて、社会芸術活動、民間交流・国際交流を進めている方々には、一つの地球社会を共創しようとしている純粋な志が共感され、未来の着地を見る思いがします。

　わたしの認識では、AI（アイ）は、人間社会のみを生かし、育んでいるものではありませんが、どこよりも枯渇している人間関係、社会の関係性のど真ん中に、蘇らせようとされていることは、稀有なことであり、「フィールドシップ」としてのコオペレーションを続けていきたいと思っています。わたしたちの活動は、可能性のあるあらゆる活動の生命が蘇っ

てゆくことですので、一つの媒体や活動に直接、集中することはしていませんが、エールをお送りします。ちなみに、わたしの母の名は「愛子」です。

　生死を超えて、思いを馳せる方々もいらっしゃいます。「沖縄のガンジー」と言われる阿波根昌鴻さん。キューバ、ペルーへの移民経験もあり、伊江島に戻ってデンマーク式農民学校（フォルケ・ホイスコーレ）の建設に奔走する中、沖縄戦で学校開設も一人息子さんの命も失い、その後、百歳を越えるまで、徹底した平和への運動をし続けた人です。

　非暴力による「乞食行進」は、沖縄史に刻まれ、自宅敷地内に反戦平和資料館「ヌチドゥタカラの家」を残し、「反戦平和の思い」が今日も引き継がれています。

　土地を強制的に接収された住民の方々の運動を指揮する阿波根昌鴻さんが、どれほど、平和的な方法に徹していたかは、その陳情規定の内容に明白で、胸に迫ってくるものがあります。志のある方は、いつか目にしてみてください。わたしも「わびあいの里」を訪ね、長時間お話を伺いました。沖縄では、まだ、何も終わっておらず、人ごとではないということを、わたしも肝に命じ続けたいと思っています。その意味では、もちろん、広島と長崎の被爆、世界の原水爆廃止の実現は、まだ、まったく、終わってはいません。

　デンマークのグルントヴィが提唱したフォルケ・ホイスコーレは、母国のみならず、大正から昭和初期にかけ、どれほど、日本中の農民指導者たちを熱く燃えたたせ、学ぶことを民衆主体のものに近づけていったかしれません。各地にその痕跡は少しですが残っているようです。キリスト教の布教の機会として呑み込まれていった流れや、「国民高等学校」

と名付けられ、変質を免れなかったこともありましたが、その息吹は、阿波根昌鴻さんのような方たちの未来を拓く依拠とは、なり得たと思います。現在、人材を輩出するある私立大学の設立背景にも、フォルケ・ホイスコーレは息づいています。

　デンマークを訪れ、International People's College（IPC：国際民衆カレッジ）に滞在させていただいたことがあります。世界各地からの学生が寝食を共にして学んでいました。何校かのホイスコーレも見学させていただきましたが、多様な学習機会から選択でき、一人一人が主体的に自分の学びを進めているのは、日本を含む多くの国ではまだ、実現されていない学習環境です。この学習環境は、小田原にかつて存在したアジアセンターのLIOJでの英語教員研修の雰囲気を懐かしく思い出させるものでした。

　フォルケホイスコーレの構想の提言者であり、その精神的・文化的支柱となったのは、牧師、哲学者、教育者、作家、詩人、政治家であったニコライ・フレデリク・セヴェリン・グルントヴィです。そして、実際に、フォルケホイスコーレを創始したのは、グルントヴィの説く「知識中心の死んだ学問ではなく、『頭とハートと手』を使った対話による生きた教育」を実践したクリステン・コルです。

　ヴァルトフという、グルントヴィ・フォーラムによって運営されている家を訪れた際、わずかな時間ですが、担当の方と会話させていただきました。ふたこと、みことの返事に触れただけで、「本物のデモクラシーは、ここにある」ことを、それまでの先入観に金槌を打たれるような深い衝撃とともに受け止める体験をしました。グルントヴィは、尊敬の対象や理想というよりは、人々の人生や生活の土壌深くの水脈として、生を支え、人々の「自分自身」の生き方の中に、存在し続けているのでした。

　デンマークの民主主義は、明らかに米国的なものとは、質が違いました。自身の考え方をしっかりと持ち、権利の主張というよりは、いかにして自分たちが国の未来を形作ってゆくかという主体者意識と、実際にそれを現実化している確かな根の張り方がありました。

　他国の民衆にも、学びの門戸を開いている施策や運営のあり方は、地球社会の宝ともいえます。

EDUCATION FOR LIFE

2015 ©000 PUNI.M Inc.

生活技術
LIFE SKILLS
COOPERATION
コオペレーション

生きる知恵
LIFE AWARENESS
COORDINATION
コーディネーション

充ち足りた生
LIFE FULFILLED
CREATION
クリエーション

いのちのケア
LIFE CARE
COCREATION
コクリエーション

生命の叡智
LIFE WISDOM
GENERATION
ジェネレーション

EDUCATION IS NOT ONLY ABOUT HUMANS.

IT CONTAINS COMPREHENSIVE SKILLS AND SOFT TECHNOLOGY
THAT DRAWS OUT AND EMPOWERS BRIGHT POTENTIAL
FROM THE FIELD: HUMANS, SOCIETY, WORLD,
NATURE, SPACETIME AND THE UNIVERSE.

EDUCATORS ARE THOSE WHO BRING FORTH SOLUTIONS TO LIFE
AND ENRICH IT.
THEY ARE THE INNOVATION CATALYZER.

Words by MAYUMI JINGUH

LIFE IS A BREATH OF ALL CREATION.

IT IS A SOURCE AND A LIVING MODEL FOR ESSENTIAL INNOVATIONS.

LIFE WORKS THROUGHOUT NATURE AND NATURE RAISES
THE DIVERSE EXPRESSIONS OF THE "WHOLE WITH MANY"
ON EARTH AND IN THE UNIVERSE.

WHEN IT IS OPPRESSED OR ENDANGERED,
IT PIONEERS TO CULTIVATE NEW WAYS AND NEW FORMATIONS
WITH ELEMENTS LEADING GENERATIONS OF NEW ENERGY IN THE FIELD.

エデュケーションとは、人間たちだけのことではない。
それは、人間・社会・世界・自然・時空間・宇宙といった
フィールドの諸相から輝ける可能性を引き出し、
力を与える総合的なスキルとソフトテクノロジーを
含むものである。

エデュケーターとは、生命にソリューションをもたらし
豊かにする者たちのことである。
彼らは、イノベーションの触発者たちである。

生命とは、創造のすべての呼吸。
それは、本質的なイノベーションの源であり
生きたモデルである。

生命は、自然に遍く働き、自然は地球と宇宙に
「多を伴う全て」の多様な表現を起ち上げる。

抑圧され、危機にさらされると
生命は、新たな方法と元素の組成を切り拓き、耕し
そのフィールドに新エネルギーの発見を導く。

４．「13重の環」のモデル

　本著においては、一人の人間として、できうる限り人間の可能性、地球の未来の拓き方、共創の本質を探究し、共に育ってきたことを記させていただきました。

　それと同時に、事業者によっては採用している「13重の環」のモデルについて、少し、触れておきたいと思います。様々な方法での活動が取り組まれる中、悲惨なやり方、強引な方法が今なお行われており、隠蔽や切り捨てをまかり通してもいるからです。

　技術やスキルには、一つのタイプの科学が敷いてきたレールの延長線上にはないものもあります。ものごとを頭の中に留め、形式化し、概念化し合わないと「論外」とする筋道の立て方もありますが、頭の中に留めていること自体が、解法の緒についていないことを示唆していることを明瞭に認識している文化もあります。

「13重の環」として表現されているモデルは、現実世界を形成する働きの多元性、多様性、多方向性を表しています。基本的には、頭の中での理解や説明で網羅しうるものではありません。シンプルに表現すれば、一人の人間の存在性のポテンシャルの多元性、多様性、多方向性を表してもいます。

　具体的には、例えば、制度化された社会の中では、キャリアや価値を小さな箱の中での位置や多寡で捉えていますが、「13重の環」モデルでは、その捉え方のスケールや実質性がまったく異なります。自身の能力を本来的に開花させてきた人は、まったく種類の違う処理、役どころ、表現を重層的に行っているのが自然な姿です。その多元的なオペレーションにコオペレーションしている人たちが、既に地球社会には大勢いらっ

しゃいます。

　13の7は、「全通」を可能にする場でもあります。8から13は、基本的には、不可視のみのフォーメーションの領域。そのアライメントがなく、「現実化」させてきたものは、持続性もなく、歪みが際立つものとなります。本著で、「13重の環」を掲載することはできませんが、その入門書ともなる「リアライメント・ハンドブック」は、000プラネット株式会社（https://000planet.com）で扱っていただいています。このハンドブックを使用した学びが、オンラインも含め、何箇所かで続けられています。

　外在化する可視的な技術や構造は、必ず、先ず内在的で不可視な思考の領域で、設計され、構築されます。既に他者が開発し、外在的に存在していたインフォメーションを具体化する場合でも、その端緒をたどれば、だれかの思考、あるいは、集合的な思考圏で起き始めることといえます。その時点で既に、倫理的な意味合いも含む、生命存在としてのアライメントから逸脱していたとしたら、コトの根は、その領域に在り、補正やリアライメントが実務的に求められるのは、まずは、不可視の領域に在るといえます。

　これらのことも含んでの不可視のアライメントを可視化をしているのが、「13重の環」のモデルといえます。インフォメーションの質の知覚力は、可視・不可視を問いません。平たくいえば、その人やコトが本気か、二重性や二枚舌がないかなどは、筒抜けであるということです。これは、一般的にも「聞き分ける」力をもっている方は、多くいらっしゃいます。さらに繊細な領域の違いの知覚がここでは含まれるということです。「仕事」の領域は、わたしたちが形式化しているよりも、はるかに多元的で多様であり、その分野でのライフワーカーのコオペレーションが稼働し始めているのが現在といえます。

　人間にとって、直接、会い、言葉を交わし、食事を共にするなどは、

味わい深く、親近感がとても増す、大切なことですが、そうでなくとも、「未知を拓く」仕事は、共に進めることができます。むしろ、離れていることは、力にもなります。

　一般読者の方向けの書籍の執筆は、おそらく、本著で最後になると思いますので、一般向けの参考サイトをご紹介しておきたいと思います。https://ohshima.be です。ハワイとシオと椿を基調とした生きた文化活動の展開の一つとしての研修観光です。わたし自身が担当をすることは、ほとんどありませんが、MALCの要素を採り入れた内容の提供が可能です。

　また、希望者には「基調シリーズ」と呼んでいるA3見開きサイズの一般向けの暦もご紹介可能です。こちらは、13重の環へのリアライメントの方向への日常に、役立てていただけるものです。その他、LIVE　MALCという000プラネットさんが開催されているオンラインでのシンプルな共創プログラムは、本著の趣旨と同じ方向のライフワーカーの方たちにも経験していただくことが可能です。

リスペクト

RE* SPEC T

理　素　辺　久　戸
再　設　尊

2022 基調シリーズの表紙

5．000について

1999○7○以降の事業は、ゼロポイントと000を基本・基調としてコオペレーションさせていただいてきました。

ゼロポイントについては、空間のどこにでも、真空といわれてきた状態にも存在するとされています。様々な研究機関が、その捉え方については、一つの理論として認める場合もあれば、むしろ、「そんなことはない」とする場合もあるのは承知しています。ただ、サンフランシスコでの発足当初から、ピーエーエフでは、基本的な認識となっています。エネルギーの全方向からの集合が、互いに働きあってゼロに見えている状態を指しているとみなされています。そこから無限のポテンシャルを引き出せるかが、課題となります。

わたしは、人間社会の現場での応用も含めて担当しています。その資源性を引き出し合い、活かし合うことができるかということです。これは、時空間としての認識が共有されていない文化的現況下での表現となります。

地球上で起きている様々な持続不可能性は、人間自身に起因していることは明らかです。それは、個やその集合が、自身が循環しえない物質や各種エネルギーを、いくらでも取り込もうとする傾向が顕著であるからであるともいえます。また、制度化されている仕組みが、持続のモデルともいえる自然の仕組みとは、かけ離れた、あるいは真逆のエネルギーの働かせ方や停滞化、位置づけを固定化し、運行しているからであるともいえます。

000事業のコクリエーションで、「ゼロポイント」という場合は、自身の内面がクリアーであること、自然の仕組みやフィールドの働きの本質

とのアライメントのブレやズレがない、動機や目的が自己利益的なものではないといった意味合いで、現実面では使用されています。〇〇〇事業の根幹は、「いのち蘇る地域・地球社会の実現」が共通の基本となっています。同時に、そこに留まるものではありませんので、その方のライフワークの視野と準備に応じて、コオペレーションする「ゼロポイント」は、フィールド全域に及ぶものとなってゆきます。

　〇〇〇については、その「種」を受け取った時、その意味することがどういうことであるかをそのまま受け取ったことから、常に使用するようになりました。わたしが既に識っている文化の源、経験していることを表しうるのは、これであるという明確な自覚がありました。

　それは、すべてのポテンシャルを含むはじまりの海のような状態を指します。クリエーションの前の状態ともいえますし、どの場面の、どのコトとも、はるかに通じている存在性のエッセンスのウナバラともいえます。例えば、文明の高度さや人間の進化度を意識する見方や方法がありますが、〇〇〇からの見え方では、それぞれに個性があるものであり、どこまでも終わりのない過程の何らかの特性を有しています。

　アライメントを基本としたコクリエーションの本質の再生という方法は、フィールドからのフィードバックによってその課題から学び、「充ち足りた生」の経験によって確認をしてゆくのが基本です。技術の精度やスキルの習熟度は、不可視から可視への翻訳・還元の範囲によって自明となってきますが、基本的には、どのような個人の影響性の範疇にあるものでもありません。

　〇〇〇のポテンシャルは、何にでもなり得るといえます。ただし、それは、全存在性を反映した状態を伴わない場合は、その場の歪みや偏りの影響がある見え方、現れ方になります。

　現実的なところでは、例えば、事業体であれば、アライメントがとも

なっていなければ、たとえどのような名前がつけられ、意義づけが謳われたとしても、実質的には、全存在性の表象の一つとはなり得ないのは、明らかです。

　現在、本書に記述した経緯を経た上で、法人として000を名称に入れているのは、正式には、4法人だけです。仮に将来、それらの法人が名称変更などした場合は、本書でお伝えしているような役どころではなくなったか、それを完了したということになります。

　000は、人間が考えうる最も崇高なこと、大切なこと、美しいこと、愛おしいことの本質を含んでいます。それでいて、無色透明といえます。平和のための国際会議などでしばしば課題になり、現実的にも様々に使用されている「神」などの言葉で表す存在性も含みえますが、宗教性はありません。それらのどの表現にも収まるものではなく、普遍と遍在そのものでもあります。それぞれの方々にとっては、自然の仕組みとのアライメントが伴う限りは、ご自身のもっとも大切なことの本質と捉えることも可能です。

　また、「豊かさ」や「幸福」の実質的なエッセンスを表したものともなりえます。プラネタリィな社会科学的な表現ともいえます。基本的には、何かを否定したり、何かに対立したりして、「これ」という主張をすることはありません。本来の科学性をともなった姿勢で、様々な方式を尊重することは可能です。無論、酷すぎることがあまりに多い現況下、個人として、NOを表明することはしています。殺戮や権力の濫用を、見過ごすことはありません。本来的な回路の再生や未来社会の人間相互のコオペレーションを実施し、姿とすることを基本としています。

　「何を掲げるか」によって、現在に至るまでの争いや正義の闘争にまでなってきた地球文化。最も崇高な存在性は、人間がつけるどのような呼

び方や理解も超えることは、自明ではないでしょうか。もちろん、その
どれを選択するかも当人あるいは当該文化圏の任意です。

　自然の仕組みだけでなく、わたしたち人間も「ゼロポイント・コオペ
レーション」が可能になるくらい、人間という存在性のポテンシャルを
洗練し、実用化してゆくこと。そこに、未来への鍵があると認識してい
ます。

　火の中でも、水の中でも、空間の果てでも、地中深くでも、あるいは、
時空間を超えても変わらない存在性、それが、OOOといえるかもしれません。

6．すでに、はじめていること

　今を生きる、ほとんどの人たちが、「これほどひどい世の中になるなん
て」とか「どうやったら持続可能な世界になるのか」とか「地球の子ど
もたちの未来に、どう明るい未来を残していけるか」といった手詰まり
状態にあるといえないでしょうか。例えば、二酸化炭素から水素菌の力
を借りて食用の肉を開発するなどの試みがされていますが、コトの本質
の所在は、そこにあるとはいえないようです。

　それは、まだ、いい方で、命が危うく、絶望的な現実に、ただただ耐
え、恐怖しかない人たちも大勢います。物理的な手を及ぼせる範囲は、
限られており、それだけでは「焼け石に水」の状態であることがあまり
にも多いのが現状です。

　そのような中で、ほとんどの方たちが意識にとめず、当たり前のよう
に日常のフレームとしている社会的な習慣でもあり、国際的な合意にも
なっているもので、致命的といっていいほど、地球社会の現状に影響を
及ぼしていることがあることにわたしたちは、気づき、意識的な使用を
選択してゆく必要のあるものがあります。

　それは、不規則な「暦」です。現在、日本のほとんどだれもが、そして日本を含むほとんどの国々が、国内及び国際的な社会活動のベースにしているのが、グレゴリオ暦です。キリスト教の歴史的な祝祭日を、春分などを目安としてできるだけ当時の日にちと一致させる必要性から、誤差の積み重ねが季節の違いにまで広がってきたことを調整し、改善するために採用されたものです。

　グレゴリオ暦は、グローバル経済の素地となっているものであり、西洋的思考の典型的な「無理矢理に法制化し、従うものとする」の象徴ともいえるものです。太陽暦ですが、各月の日数が不規則であるのは、自然の法則性を反映したものでは全くないからです。また、各月の名称も、言語的な意味からは、ふた月ずれており、中には、英雄や聖人の名を付け替えたものもあります。

　日本においては、明治5年の12月2日の翌日が、わずか1ヶ月前の政府からの通達で、いきなり、明治6年1月1日になり、導入されたものです。その動機の背景には、それまでの太陰太陽暦であると、1年が13ヶ月となり、1年を12ヶ月にすれば、支払う給与の削減ができること。それまでの休日の慣例より、週七日制での休日の方が少ないため、労働日数が増えることなど、予算のない政府にとって都合のいいものであったことが知られています。

　世界の文化圏の中には、グレゴリオ暦を導入しつつも、中国など、旧暦や伝統的な暦も併用し、重層的な社会生活を営んでいる人々もいます。日本でも、旧暦、二十四節気、六曜などがカレンダーに併記され、冠婚葬祭などでは特に、重視されていますが、多くは、グレゴリオ暦に則った生き方、仕事の仕方、運営の仕方をしています。それがどれほどの影響を与えているか、認識を広げ、深め、あるいは少なくとも一考している人はどれほどいるでしょうか。

　天体の動きをより反映した暦を使用しようとする動きなどがありますが、ここで提起しているのは、天体の動きだけによりアライメントしようとする方向性ではありません。むしろ、生きているという現実、生活のどこにでも、多様な働きが影響しており、そこから何に意識的にフォーカスし、活性化することを選択するかにより、クリエーションとのコオペレーション、すなわちコクリエーションの現実化が自生的に加速化するかに趣旨があります。そのために非常に有効であるのが暦、というよりは、暦としても使用できるインターアクティブなフィールド環境システムとしてのグラフィックアートです。

　わたしが初めて暦がもつ人類社会への影響の甚大さに意識を向けるきっかけを得たのは、1999○6○に招聘され参加した中米コスタリカの国連平和大学での「平和と時間」に関する世界市民サミットでした。そこで提示されている暦もありましたが、わたし及びわたしと共に当時活動していた方たちは、非常にエネルギーインフォメーション（EI）に敏感で繊細な方たちが多く、そのままの状態で導入することには、無理がありました。

　地球の惑星文化の伝統的にも、2012○の冬至の節目とされる時に向けても、世界的に大きな影響があり、すでに活性化されていた暦であったため、その本質への許可をフィールドに確認しながら、できうる限り無理のないエネルギーインフォメーション（EI）の変換作業を少しずつ続けさせていただきました。

　000を基調とした学びや調整、コクリエーションに役立てられるよう、サイクル毎に慎重に変換を重ね、PLENUM　CREATION FIELD（PCF）として現在に至っています。これは、有志の方々の協賛によって発行が持続しているものです。コクリエーターの方たちによって紹介されてい

るものであり、販売は行っていません。

　一人一人の主体的で意識的な選択により、多元的で多様なものごとに対応できる人たちが輩出されてゆくことが、現在の地球環境においては肝要であることは、明白といえます。PCFは、その伴侶のような存在として「フィールドシップ」を共に行っています。

「フィールドシップ」の持続には、わたしたちの取り組み方は違いますが、その中に気候危機のこと、あるいは、より致命的な事態への対応の基本も含まれていると思っています。そのためにも、暦の影響性に多くの方々が気づき、より普遍性のあるもの、わたしたちの学びと変換に資するものを選択してゆくことは現実的な変化を促進するものと認識しています。慣習的な暦との併用は可能です。暦の不規則な数字の配列や、リニアな時間認識の仕方にも、慎重を期して、対処しています。

7．古代叡智からの助言

　2011○11○21～23○にかけて、大陸諸国の代表が招聘され、メキシコでアメリカ大陸の古代叡智を継承する長老たちと集中的な会議が行われました。その際、全世界に向けての「古代叡智からの総助言合意書」がまとめられました。世界中で、マヤ暦のサイクルの節目についての誤った風聞が蔓延し、世の終わりのような信じ込みも根強かった時期です。本家本元の長老たちが、2012○12○の冬至に向け、これ以上黙ってはいられずに、世界に向けて声を上げたともいえました。

　日本から招かれたのは、GUのプロジェクト会員さんの代表の方です。「レヒーナ」を縁とした現地交流を重ねて来られたことから推薦されたようです。000で表現されている普遍性にご自身がコミットメントされていることから、日本からの長旅を経て会場に到着した時、時差もありクタ

クタに疲れ果て、とても延々と続く会議の間、起きていられない状態で
あったため、本当は、もっとずっと後の時間帯の発言の順であったのを、
交渉して、最初の方に発言させてもらったそうです。

　ともかく、夢中で、〇〇〇のことを皆さんに向けて一生懸命伝え、その後
は、もう、ずっとぐっすり眠ってしまったそうです。目覚めてから後に
出来上がっていた「古代叡智からの総助言合意書」を見てみると、話し
合いがされ、長老たちの総合意で、これまで文化により様々な名がつけ
られており、どの表現にするかが本質的な課題であったその記し方、言
い方として〇〇〇が採択されていたのでした。

　1999〇6〇のコスタリカでのサミットの教育小委員会でのコアカリキュ
ラムの策定合意の際、もっとも話し合いが必要であった「核心を超える
プロセス」を表現する方法。その課題に応える方向を探究していた時に、
種をもらい、育ててきた〇〇〇。それと並行して変換を重ねてきた13：20
のサイクル。その暦の原型の発祥の地で、古代叡智の長老たちに、〇〇〇が
採択されたことが、どれほど自然なことなのだろうかと思われます。様々
な経緯がありましたが、コクリエーションに必要なことの基礎は、生ま
れたのではと思います。

　総助言合意書は、38項にわたっています。参加国・地域の伝統的形態
を尊重しつつ、人類として一つのプラネタリィな文化の基盤づくりが既
に進められてきたことが指摘されてもいます。

　正直申し上げて、それらの中には、合意しかねる内容の箇所もありま
す。また、用語として、〇〇〇事業では使用しないものも、含まれていま
す。それでも一つの地球社会への正式な足跡がメキシコであったことは、
ここに記しておかせていただくことにいたします。

　ここでは、その中から、6、22、33をご紹介します。

（『レヒーナ』〈ナチュラルスピリット刊〉の訳者、竹西千恵子さんの訳を元に、ご本人の推奨により、著者によって表記の仕方を多少変えさせていただいています。竹西千恵子さんは、本書の執筆中にメキシコで逝去されました。）

〈6〉 惑星文化の創造プロセス

惑星文化の創造プロセスは、宇宙のハートと地球を繋ぐ三位一体のパワー 000という完璧なる本質を多様化、進化させていくことをその原則とする。統合と多様性という意志をもち、合体と変容の能力であるわれわれの意識 000にフォーカスすることにより、宇宙的存在及びコミュニティの再建に向けあらゆるものが流れ始め、開き始める。解釈が容易で、いかなる文化や口頭表現にも適用できるシンプルかつ明快・正確な語彙を模索するなかで、普遍的なスピリットの言語である 000という表現を採択する。

〈22〉 人類への召集マニフェスト

◎マニフェストは、宇宙文明のルネサンスをもたらすような実質的なテーマを盛り込まなくてならない。すべての都市共同体や民族にインスピレーションを与え、導くための法則やプロジェクトを確立しなくてはならない。

◎所属を示す旗や物を持たないという意味で普遍性を帯び、エゴや主役主義を排除し、人類の開花を目的とするワーク　（000）固有の表現を尊重し、理性的なユニティを目指した多様化への

開放を提唱していく。

〈33〉タマシイの輪

◎われわれは子どもや孫、ひ孫の中に生きており、それは経験の
　持続である。それゆえ、われわれは調和を保ちながら物事を考
　え、生き、行い、心眼を開き、確信をもって行動し、ハートの
　なかの光と神聖な火を守りつつ前進し続けねばならない。

◎母なる自然から必要なものを頂くときには、その保存を助ける
　という責任を自覚し、許可を願い出ることを忘れてはならな
　い。

◎死と破壊のマヤの予言のまやかしをこれ以上、放置してはなら
　ない。そのような概念は、われわれの文化には存在しておら
　ず、それを語り広めているのは、われわれの文化について深い
　知識を持たない者らである。

◎一本一本の矢は目的を異にしているが、それを射るのは意志と
　いう一つの弓である。

◎こうした会議を重ねるごとに、われわれはより深い叡智、謙虚
　さ、誠実さを推進してゆこう。

◎現在・過去・未来の新しい時代をわれわれは生き、創造する時
　機に生まれた。

◎われわれは、レインボー・ネイション（虹の国）である。

◎われわれは、世界の変革・変容という哲学を体現しながら歩く者であり、若者や少年は、今、自由な老人に出合う。なぜなら、われわれはもう、グローバルでプラネタリィな国に生きているからである。

◎人類活性化の基礎は、愛と相互扶助である。

◎無条件の愛を形成し、聖なる形態を保存する存在である女性性のエネルギーを活性化し、均衡させる。

　この出来事も、多元的な確認の一つの現場の現れとして受け止めています。実質的なコオーディネーション作業の遍在性は、言語を絶するものです。ちょうど節目のサイクルを経てから本著が出版されることになります。

　いずれにしても、 2013○まで、そしてさらに2020○までの作業を完了するまでは、この総助言合意書については、触れる状態にはありませんでした。自らの本質と全存在性とのアライメントを外さずに、未知を拓く作業を実行し続けてきた方たちには、今、刷新された時空間環境にあることは共通的に認識し、体験されています。それらの方々は、自身の奥底にある生命の叡智の「底抜け」を経験してきた方々です。ほとんどが例外なく、女性性の学びと困難、献身、そして歓びの道を拓いてきた方々です。

　南米にも何ヶ所かをご一緒した現地女性の方々もいます。天性の

「フィールドシップ」を実行されてきた方々ばかりです。何人かは、日本でもご一緒し、かけがえのないコオペレーションをさせていただきました。既に他界された方たちもいます。ここで改めて、感謝と歓びのインフォメーションを送らせていただきます。アルセリア、ピラール、そしてレヒーナ、ありがとう。

8．EXPO 2005とEXPO 2025のその先へ

　EXPO 2005は、愛・地球博と銘打たれ、「自然の叡智」をテーマとして名古屋で開催されました。人混みにあまり行きたいとは思わないため、参加については、考えていませんでした。ところが、当時、コンサルティングで毎月のように名古屋に行かせていただいており、その会社がEXPOに参加することから話題になり、会場を確保している期間のうち、1日だけ予定がない日があると耳にしました。

　それはいつなのか、確認したところ、「7月25日」ということでした。当時、その会社とは、暦の制作のご協力などもいただいていたため、「聞いた日だぞ」ということで、7.25にNPO 000 ピーエーエフとして国際シンポジウムを主催することになりました。

　テーマは、「愛・時間・000」です。当日は、ロシア、アメリカ、タイなどから発表者が登壇しました。ハプニングもありましたが、それぞれの方がユニークな貢献をしてくださいました。

　スケール感があったのは、ロシアのヌースフィアの学術団体の代表の法学者であり、オペラ歌手でもある博士のスピーチの際、宇宙船の中で、無重力浮遊をしながら、宇宙飛行士の方が「万博でのピーエーエフ主催シンポジウム開催おめでとう」のメッセージを宇宙空間から呼びかけてくれたビデオメッセージが流れたことです。この日の他、ロシアのパビ

リオンでの学術発表にもNPO 000 ピーエーエフとして参加し、わたしも
スピーチをしました。

　そして、今度は、2025○に、大阪で「いのち輝く未来社会のデザイン」
（Designing Future Society for Our Lives）をテーマにEXPOが開催さ
れます。

「世界80億人がアイデアを交換し、未来社会を『共創』（co-create）す
る」ことが書かれていますが、難民や戦闘下にある人たちをどこまで自
分たちごとにするのかが問われるだけではありません。わたしたち人間
自身が生命の一員として自然の仕組みや存在することの本質へのアライ
メントを学ぶことが基礎的に求められます。そこまで、表現・発出でき
て、初めて日本で開催される役どころをわたしたちは果たすことができ
るのではないでしょうか。

　それを外して、先端技術の振興だけに走っては、蘇生とは真逆のスパ
イラルを増幅し、今以上の不調和な文明を助長するだけになる可能性す
らあるのは自明ではないでしょうか。

　EXPO 2025は、だれもが「共創」することが可能な仕組みを用意して
もいるようですので、「フィールドシップ」を基調にゆるやかにリンクし
てゆく方向でいます。

　ただ、EXPOの取り組みは、産業・経済の振興が目的でもあり、その
ためのデジタル最先端技術の際限のない後追い、投資、商品化販売への
道を造ることが大きな比重をもちます。わたしは、それは、諸刃の剣で
あり、人類がそれを使い間違えて、ますます、生命の輝きを失ってゆく
社会を生みだす可能性がむしろ大きいと思っています。そのため、生命
輝く社会の共創で、今後蘇生し、繁栄してゆく必要のある分野は、むし
ろ、産業革命以来、封じ込められてきた人間自身に内在するポテンシャ

ルの自覚・洗練・多様なネットワークのネットワークの稼働であると考えています。これは、人間自身の主体的な内発力の錬磨を資源性とする分野ですので、資金の有無を支障とするものではありません。この分野は、研修事業の先端や、ソフトウェアの開発者の一部では、認識され、人間としての取り組みが開始されています。

「フィールドシップ」は、この変化が激しく、予測困難なVUCA（Volatility: 変動性、Uncertainty: 不確実性、Complexity: 複雑性、Ambiguity: 曖昧性）の現況下、現実の荒波や地殻変動・気候変動下を生き抜き、存続する必要のある経営者の方々が、不可能を可能としながら培ってこられたソフトスキル、ソフトテクノロジーの基礎を含んでいると認識しています。

　商業的ではない、アートの真性が問われる時流ともいえるかと思います。アートのポテンシャル、農・福・環境の保全や学び方・暮らし方、職人仕事の未来、人間社会の未来像をわたしたち自身が体験しながら、「今」を未来の実現の場としてゆきたいと思います。アーカイブ的になりますが、タイムレスアートのビジュアル版については、https://kotohogi.orgを、精神性と文化と社会についての活動をしている方々には、英語でのサイトとなりますが、https://lifeconvergence.orgをご覧いただければ、幸いです。

9．シオドキ

　シオドキです。引いてゆくものごとと今、正に、大海原に出航する膨大なあれこれ。わたしたちは、自分の今だけの安寧を求めるような生き

方に留まっているわけにはゆきません。こんなにもひどく、生命種としての存続危機に瀕する地球環境と地球自身、子どもたちの伸び伸びとした育ちが脅かされるような人間社会にしてきたのは、わたしたち大人自身であるからです。

　水のポテンシャルについても、一つの流れが立ち上がってきてもいますが、基本的には、水としての自身の存在性を、人生を通じて体現してゆくことができるかは、「わたし」次第です。
「シオドキ」というタイトルの日英語版絵本と研修観光コンテンツも既に自社企画させていただいていますが、これは意識的に生き方や仕事の仕方あるいは、人生の拓き方の刷新をしてゆこうとする方々向けのものです。体験される場合は、シオドキ担当者との共創的なプロセスとなるかと思います。（参照：https://ohshima.be）

　本書の最後に、赤い椿一枝とともに、次の言葉をお送りいたします。老舗企業様より御依頼をいただき、毎サイクル、000 プレナム株式会社からオリジナルで出させていただいている「格言集」の中からの二つのご紹介となります。（参照：https://000plenum.org）

　椿は、身近で、常に共に生き、働き、励まされている、親しい友であり、地球の生命の華でもあり、樹でもあります。

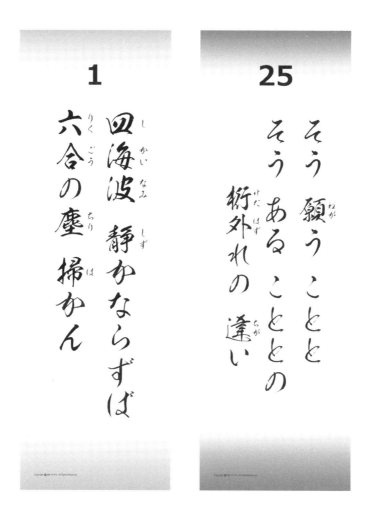

25

そう　願うことと

そう　あることとの

桁外れの　違い

1

四海波　静かならずば

六合の塵　掃かん

おわりに

　この世に生を受け、一人の人間として数十年を生きるというのは、「妙な」経験です。

　人によっては、経験のままに悲喜交々を味わいながら、ファミリーストーリーやソーシャルストーリーの中に自分を主に映し出して、生活し続けてゆくことでしょう。

　中には、わたしのように、かなりの幼少期、あるいはその前から、人間としての自分の経験を観察し続けるような一面をもち続け、学ぶことの本質を体験しながら、様々な状況の端境に自分の不純物を検出し、作業し、フィールドに超合的に返してゆこうとする人もいます。

　難しい状況が、どれだけ人間の可能性を引き出す要因となるかは、ずっと体験し続けているところです。

　生まれてからのわたしたちは、ある意味、ずっと地球の人間文化というバーチャル空間に放り出されたようなものです。その中のルールや区切りを与えられ、何が正しいかを与えられ、それに従い、他者のように上手にそこでプレーし続けることを「生きる」ということであると思い込んでいたり、挫折したと思い込んだりもします。そこでは、何しろ課金されます！　このことに、気づいており、どのようにして、サーバイバルや戦闘や、人工的なお花畑やショッピングモールやお楽しみゲームや資産・財産残しではない、極上の文化バージョンへとシステム変換をすることができるのかのエンジニアリングを行っている様々な人たちがいます。

　嵐や爆発や高温化ではない生態系環境にしてゆけるかについても、地上の登場人物に限らず、何種類ものスクリプトライター、大道具・小道

具係、音響、映像編集者などがいるようです。

　人生経験には、ずっとあまり変わりがないように見えることもありましたが、近年では、キャラチェンジだけでなく、ある意味の中味のチェンジや二人羽織状態など、様々あるようです。

　わたしの場合は、どのような時空間環境でも変わらないものがあります。それは、「充ち足りた生」を家としているということです。よく、「何のために生まれてきたのか」「何のために生きるのか」といった問いがありますが、わたしには、顕在意識でも自覚している一つの理由があります。どうして一人の人間としてここにいるのかということについてです。

　それは、「それぞれの生を謳歌して生きることができるはずの環境や豊かさの中で、『なぜ』地球で生きることはこれほど真反対で、悲惨な経験に満ちるようなことになってしまったのか。その原因を見つける」ということです。人には、いくつもの本質な課題を持って生きることがあると思いますので、そのいくつかのうちの一つといえるでしょうか。

　本書の「おわりに」にあたり、わたしが見出した「悲惨で苦しい世界」の要因をここで記しておきたいと思います。それは、「不適切な管理」とその制度化、権威化です。これについては、現場の多くの方々が確認をされていることです。また、これは、不可視のフィールド作業の領域においてもいえることです。

　何事もそうですが、一つの方法だけで、生命場も現場も存続しているわけではありません。それが、一つの方法にだけ、過度に依るようになってしまった時、本体ともいえる生命自体の本質を削ぎ、人間の命も絶たれるような環境ややり方を放置し、まかり通すことにまでなっています。

このことは、生命を産み、育てる女性性の叡智の連携によって補正・変換されることが始まっています。

　最後に一つの実話をご紹介させてください。受け取り方は、皆様のご自由です。

　本文では、触れませんでしたが、2000○を経てから、単身でギリシャを訪ねたことがあります。国としてのギリシャの財政破綻はその後に起きたことです。

　この頃は、様々な分野の最前線に、かつての著書の読者の方々も多く、陰ながらのサポートをいただいていたことも多くありました。皆様、本当にその節は、ありがとうございました。この時も、手配した海外航空会社の担当の方が読者の方であったようで、先ずは、現地アテネで迎え、アテンドしてくださった日本人旅行エイジェントの方が食事を一緒にしながら、ふと、こう言われました。「どんな人かと思っていた。案内するなら市長クラス以上の人にと言われていたので」と。わたしは、民間人ですが、このようなご理解をいただいていたことは、大変ありがたいことでした。

　いずれにしてもこの時は、ある島に行くことが目的でした。そこにいるホワイトランドの方たちに会いに伺いました。要点だけを書きますと、「みな、自分たちのことをロシア人だと思うけれども、そうではない」と。わたしの理解では、みなさん、ロシア人として出生はしていますが、それ以外の意味合いが含まれています。モスクワ近郊でお会いした方々でもあり、皆さん、学術者でした。様々に話をする中で、その中の二人は、原子物理学者であることがわかりました。年配の方と若手の方です。

　わたしは、原子力開発には、まったく共振するものではありませんが、この二人は、チェルノブイリの原発事故現場の当事者たちでした。事故

発生の報を受け、すぐに現場救助と処理に駆けつけたそうです。防御服とか着ていたのかを確認したところ、着ておらず、すべて素手で処理をし、死を覚悟していたとのことでした。それでもその当の本人たちが、今、目の前で、ギリシャの島で、その話をわたしに語っている訳です。

　その後、一体どうやって治療をしたのかと尋ねると、「何もしていない」というのです。「ただただ、毎日毎日、汗をかきまくって、畑を耕していた」というのです。母なる大地の下で、ずっとそれを続けていたそうです。そして、今も存命で目の前で語っているのでした。

　これは、生還してすごいということでも、ましてや原発が万が一でも安全であるということでもありません。ただ、本人たちの語ったことをそのまま、ここに記しておくだけです。わたしには、原発を開発しながら、母なる地球への思いが熱いという心情がよくわかりません。人間は、ずいぶん辻褄合わせができるものだと驚くばかりです。

　ギリシャのここにも、リトグラフシリーズを持参させていただきました。この方たちのうちの一人は、ニューヨークで通訳をし、美術にも優れた識者の方でした。

　最近、嬉しかったこと。
『From I To We：Exploring the Range of Human Potential』という1995○1○に共同執筆で英語版だけ少部数自社出版した小本があるのですが、これが、海外で、中古本で有料で流通されていることを発見したことです。人の手から人の手にわたっていったのだと思います。

　これは、その時代、欧米圏に「IからWeへのシフト」が起きることが必要と思い、「フィールドシップ」として発行したものです。その後、現在は、IからWeへの移行については、U理論を含め、欧米圏で、共創文化への移行の過程で、学ばれ、このテーマでの執筆もいくつかされてい

ます。

　アジアや日本文化は、まったく別の学びが必要になります。「We から本質的な I」の学びです。それを GU の BE では、「watashi, Watashi, WATASHI」と表現しています。

　あらためて、ずいぶん様々な経験をしたことだと思いました。

　　それでは、適切な管理で助けてもらっている二人の娘たちへの
　　　　　　　　　　　　　　　　それだけでない感謝とともに。

　　　2021○9○16○　PCF 青・プラネタリィな始め
　　　　　　　　　　　　　　　　　　神宮 眞由美

後書き

「伝わる」という現象、「伝わらない」という現実の中には、人間が学び、発見し、資源性の本質に触れてゆくことのできる科学性の本質が存在していると思います。

　近年、西洋で着目され始めているのは、生理学的に脳的な働きは人間の頭だけでなく、ハートと下腹部にも認められるという知見です。現実的な生き方のヒントとしては、頭で考えて行うだけでなく、むしろ、自らのハートの「考え」や、腹からくる「考え」を聴き取ることが大切であるというように、理解され、日常に役立てられています。

　これは、東洋では、丹田の認識や「腑に落とす」というスキルに、西洋では、「ガット　フィーリング」に依るなどのスキルに生きています。わたしも、様々な確認方法の基本の一つとして、この三者の一致、三位一体を外してはいません。

　今日まで、コオペレーションしてくださっている方々の多くは、思考というより、ハートの共振、腹の括り合いを共有している方たちです。様々な知識や情報については、「存在することの本質を学び、実現する」ことかを確認し合うことで、方針などの合意をしています。

　個性や好みや行動の仕方、職業などもそれぞれまったく異なり、一見、真逆の立場の人たちもいますので、なぜ、この人たちが共創できるのだろうと思われても不思議ではありません。

　また、わたしたちのほとんどが、これまでの社会通念では、「弱者」に位置づけられるかと思います。実際、社会に出ていなかったり、対人とのコミュニケーションの困難や、人間としてのクライシスを経験してき

たりした人たちもいます。運営は、女性がほとんどであることも特徴といえます。それらの方々が、決心をし、ともに学び続け、社会的な活動を続けています。今日では、見違えるような変化をしている方たちも多くいます。互いに伴走を長く続けるのは、並大抵の胆力で行えることではありません。他人事ではない、本気の決心があったかです。決心とは、どこまでも続くことだからです。

現在、自身も高齢世代となった共創コアの何人かが、親世代の在宅介護の真っ最中となっています。まとまった睡眠もなかなか取れない中、ZOOMのお陰で、連携し、オンライン企画などの運営を共に行なっています。人間として尊敬する人々です。

また、最小限の経済的自立に向けても、お金を得る仕事をすることが苦手なタイプの方たちも多い中、実例が少しずつ生まれることにより、起業し、これから本格化に向かう人たちも生まれています。NPO活動の自立は、寄付金を募るだけでなく、持続可能な運営方法を、自分自身の経済的な自立によっても支えてゆくことが肝要であると考えています。共に立つことができる人たちから多様な生活も織りなすことを育てる中に、援助の必要な方々も交わってゆける風土が耕されると思います。

その意味でも、暮らしや社会、地域と地球と共に在る生涯学習の生きたプラットホームとしてのユニバー・シティズは、これからの変化の動脈になってゆくのではと思っています。ライフ ラーニングとライフワークのゲンバですから、停年も、職場の異動も、転勤も、転職も支障になりません。事業化されたものでなければ、市民間に金銭の授受もありません。

入試はなく、共創の歓びと手応えが、その証明であり、インターンシップも町づくりも国際交流も新規事業の自生的な立ち上げも行政との共創

もその中に含まれています。既に始まっている未来地球社会では、その実質のある方々全員が、本質的な地球社会の公務の一端を担ってゆくのだと思います。不可視の最先端領域の作業については、基本的なコオーディネーションが完了し、重層的なコオペレーションの稼働が始まっているところといえます。

　本当の意味で、社会に役立つ仕事をしてお金をいただくのが、「収入」の基本であると思っています。その実質性があまりないまま、「社会に役立つから」ということで表題をつけ、書類づくりやプレゼンが上手いことで大企業や公的機関等からの寄付を得られたとしたら、事業の立ち上げと存続に必要な何か大切なことを学ぶ機会を飛び越えてしまうようにも思えています。それを言ったら、立場も沢山の給与も活動資金も得ている国会議員さんを初めとする方々は、本当に社会に役立つ仕事をしないとそれこそ、社会を弱体化する張本人にすらなってしまっていると思えます。

　最後にひと言。かつて華道を通じて、国内外に花を生けに共に活動した方々がいます。イギリスのリーズのホスピスにもアートの寄贈とともに、入居されていた方々とともに花を生けたことも大切に心に残っています。ある時から、現実的には、解散の運びとなりましたが、花との共創も、その活動の本質も、現在でも生き続けています。ご縁のあった皆さまの佳き日々をお祈りします。

　身近な地球家族である、由里香、早里香、そしてその子どもたちである真由里、美由里、由善、太了、そして両親とたくさんのプラネタリィな家族たち。皆さまの未来にエールを送るとともに、いつも共創をありがとうございます。

000 639 OOO 事業への感謝とともに

時空を超えて

神宮 眞由美

著者プロフィール
神宮 眞由美（じんぐう まゆみ）

東京都世田谷区生まれ。自由が丘トモエ幼稚園出身。学士は中央大学卒。
エデュケーション フォー ライフ（EFL：「充ち足りた生の共育」）モデルを提示し、国内外の市民の方々と笑顔が育つ地域・地球社会の実現を共創している。000 プレナム株式会社代表取締役。志の深く、広い中小企業経営者向けのライフワーク・コンサルティングや、本質を通した企画・事業プロデュースに従事。『直観で生きる』『すべてで一つ』（PHP研究所）をはじめとする著書、訳書、共材開発など多数。アーティスト・MAYUMI MORIとしての作品は、仙台市青葉区一番町に常設展示。一社）日本ツバキ協会法人会員
NPO 000 ピーエーエフ理事長。NPO 000 PAF GLOBAL UNIVER-CITY（通称GU・地球大学）創設者・オーガナイザー・会員。世代・分野を超え、だれもが学び続け、しなやかに相互協力する社会を共に創ることが、枠組みや制度を超えた生き生きとした学習・社会環境それ自体となることをライフワークとして実践。人間ならではのポテンシャルを「フィールドシップ」として日常的に実用化。米国国際学習連盟での基調講演など海外での未来学やビジョナリィ分野での発表や交流を経る。ハワイ州でもNPO発起・活動後、日本に軸足を戻す。FIELDSHIP UNIVER-CITY 代表。EFL共創センター代表。

未知を拓く
Cultivating The Unknown
いのち蘇る地域・地球社会の共創の加速化のために

2022年2月1日　初版第1刷発行

著　者　神宮眞由美
発行者　谷村勇輔
発行所　ブイツーソリューション
　　　　〒466-0848 名古屋市昭和区長戸町4-40
　　　　TEL：052-799-7391 / FAX：052-799-7984
発売元　星雲社（共同出版社・流通責任出版社）
　　　　〒112-0005 東京都文京区水道1-3-30
　　　　TEL：03-3868-3275 / FAX：03-3868-6588
印刷所　藤原印刷